2020年度江苏省教育科学"十三五"规划重点资助课题(B-a/2020/0
2022年度江苏省第五期职业教育教学改革研究课题(ZCZ13)

职业院校具身教学模式构建及实证研究

陈芳芳 著

中国矿业大学出版社
·徐州·

图书在版编目(CIP)数据

职业院校具身教学模式构建及实证研究／陈芳芳著
． —徐州：中国矿业大学出版社，2022.11
　　ISBN 978-7-5646-5669-0

Ⅰ．①职… Ⅱ．①陈… Ⅲ．①职业教育－课堂教学－教学研究 Ⅳ．①G712.421

中国版本图书馆 CIP 数据核字(2022)第 221521 号

书　　名	职业院校具身教学模式构建及实证研究
著　　者	陈芳芳
责任编辑	史凤萍
出版发行	中国矿业大学出版社有限责任公司
	（江苏省徐州市解放南路　邮编221008）
营销热线	（0516）83885370　83884103
出版服务	（0516）83995789　83884920
网　　址	http://www.cumtp.com　E-mail：cumtpvip@cumtp.com
印　　刷	江苏凤凰数码印务有限公司
开　　本	787 mm×1092 mm　1/16　印张 9.5　字数 243 千字
版次印次	2022 年 11 月第 1 版　2022 年 11 月第 1 次印刷
定　　价	42.00 元

（图书出现印装质量问题，本社负责调换）

目　录

第一章　引言 ··· 1
    第一节　课堂教学现状 ·· 1
    第二节　目前研究概况 ·· 2
    第三节　教学的追本溯源 ··· 2
    第四节　基本的教改探索 ··· 3

第二章　具身教学模式的研究范畴 ·· 8
    第一节　理论渊源及背景 ··· 8
    第二节　相关理论支撑 ·· 10
    第三节　核心目标构建 ·· 13

第三章　具身教学的研究综述 ·· 16
    第一节　国内外相关研究现状 ·· 16
    第二节　具身课堂的政策支持 ·· 17
    第三节　ICT学院教改思路 ·· 18

第四章　具身教学模式构建 ·· 23
    第一节　具身教学的核心价值 ·· 23
    第二节　具身教学的构成要素 ·· 25
    第三节　具身教学改革策略 ··· 27
    第四节　具身教学范式构建 ··· 29
    第五节　具身教学的案例分析 ·· 33

第五章　具身学习的实践策略 ·· 54
    第一节　具身学习的身份构建 ·· 54
    第二节　具身学习的触发条件 ·· 55
    第三节　具身学习的教学策略 ·· 56
    第四节　具身学习的主要形态 ·· 58
    第五节　具身学习的效果认定 ·· 59

第六章　具身课堂的实证研究 ·· 60
    第一节　具身课堂的项目载体 ·· 60
    第二节　学生课堂的身心合一 ·· 61
    第三节　课堂学习的具身研究 ·· 64

  第四节　具身课堂的实证分析 …………………………………………… 70

第七章　具身教学的未来展望 ………………………………………………… 74
  第一节　基于人工智能的具身 …………………………………………… 74
  第二节　具身学习的遐想 ………………………………………………… 79
  第三节　具身研究的遐想 ………………………………………………… 81

第八章　具身教学案例 …………………………………………………………… 83
  第一节　案例一：5G 智能小车服务系统的设计与实现 ……………… 83
  第二节　案例二：基于雷达多功能智慧康养体系的设计与实施 …… 128

附录　应用效果调查问卷 ……………………………………………………… 146

参考文献 ………………………………………………………………………… 147

第一章 引 言

如何构建具有中国特色的职业教育体系、提升课堂教学的实效性,成为新时代职业教育改革的重中之重。

《中华人民共和国国民经济和社会发展第十四个五年规划和2035年远景目标纲要》明确了"建设高质量教育体系"的政策导向和重点要求,提出"突出职业技术(技工)教育类型特色,深入推进改革创新,优化结构与布局,大力培养技术技能人才",实施现代职业技术教育质量提升计划。

第一节 课堂教学现状

信息化时代的到来,使得互联网不断普及,人们的生活也逐步向虚拟化、多元化、共享化转变,传统单一、封闭、僵化的课堂教学越来越受到冲击。1985年召开的全国教育工作会议提出,国家的强盛取决于劳动者的素质,而劳动者的素质离不开素质教育。素质教育面向全体学生,以提升他们的思想道德素质、能力,健全个性发展和身心健康为本位。本着这一理念,课堂教学开始不断改革,从满堂灌、不断问、细致讲逐步向小组合作的研究性学习转变,想尽一切办法提高学生的学习兴趣。

2019年,国务院印发《国家职业教育改革实施方案》,明确指出职业教育与普通教育只是教育类型不同,地位同等重要。《国家中长期教育改革和发展规划纲要(2010—2020年)》提出要大力发展职业教育,培养高素质劳动者和技能型人才。

职业院校的扩招和信息化的渗入,使得教学改革更加深入,智慧化、泛在化的技术与课堂教学相融合,给学生带来一种全新的体验。2015年,习近平总书记在致国际教育信息化大会的贺信中表示,要"构建网络化、数字化、个性化、终身化的教育体系,建设'人人皆学、处处能学、时时可学'的学习型社会"[①]。2018年的《教育信息化2.0行动计划》和2019年的《中国教育现代化2035》均指出,教育教学要与信息技术深度融合,必须在教育教学的过程中,充分利用大数据、物联网、人工智能等新兴技术。可见,科技发展对教育教学改革提出了时代要求。

然而,调研中发现,目前国内职业院校专业课的课堂教学形势仍然比较严峻,主要表现在:课堂教学仍以教师为主体,学生的主观能动性还不能得到充分发挥,枯燥的原理学习和验证性的动手操作让学生提不起学习兴趣,身心共同参与课堂的占比比较低,专业知识的学习浮于表面、技能提升空间有限;课前课后的环节,缺乏有效的督促机制,对于学生的预习情况、复习程度很难有效监测,仅仅通过课堂提问和作业情况,老师难以掌握一手资料,学生也容易处于混沌状态;动手操作开放性程度较低,较多的实验实训是重复性的验证或枯燥性的数据分析,而分析结果往往以核对标准答案的形式完成,缺乏可以创新思考的环节,完成步

---

① 习近平:《致国际教育信息化大会的贺信》,《人民日报》2015年5月24日。

骤也是千篇一律；师生互动空间打不开，仍限定于教师提问学生回答，或学生有疑问老师解惑，语言上的互动占比较大，肢体、感官等方面的互动几乎没有，导致课堂固步自封。由此，基于信息技术的课堂教学改革更显迫切。

第二节　目前研究概况

近年来，随着信息技术的发展，职业院校的课题现状不断得到研究和改革。学者们对于课题教学的研究主要集中于信息技术的应用、智能技术对于提升学生学习的效果、课堂教学实施评价等方面，认为提升课堂教学效率的方法主要集中于学生本体、课堂教学的项目任务设计、信息化手段利用的程度、教学模式的改革等。

一、职业院校学生的特点

以江苏为例，职业院校学生主要分为两种。一种是中考分数偏低进入中职校的，另一种是高考分数偏低进入高职校的，无论哪种，均属于基础知识薄弱群体。这些学生普遍存在学习自律性差、学习方法不得当、学习效率低等特点，要提高他们自主学习的动力，需根据其身心特点，提升学习项目的吸引力，提高学习环境的真实性，丰富课前、课后作业的形式，促使他们养成良好的学习习惯。

二、职教课堂体系的智能化

智能化的教学体系，主要包括虚拟仿真软件、数字化教学资源、智能评价系统的应用。专业教学中，虚拟仿真软件可以促进学生与机器设备的互动，数字化教学资源、智能评价系统可以增加师生间的互动。然而，这就是智能化了吗？很明显还有差距。如，想对学生的匿名讨论或评价做出分析判断，并将结果只发送给教师；教师在批改学生作业或试卷后，想查看学生的历史错题并根据分析结果推送不同学习资源给学生，均没有真正实现。教学体系要么不能完成分类推送，要么难以提供分析的精准结果，需要教师亲自操刀，理想和现实有距离。

因此，需进一步升级课堂教学的智能性。如能根据学生自画像，于课前自动推送符合课堂项目的学习资源给学生，学生学习后，能将其学习结果及时反馈给教师，并能对班级整体预习情况做出分析报告呈现给教师。教师给予学生的作业评价，能及时推送给学生，并附有不同学生的不同错题集以及因此需要补给的知识资源。这样，就要求学校相配套的软硬件设施均要到位，如覆盖全校的校园网、多媒体教室、数字化资源系统，方便学生随时随地进行资料的学习阅读，从而使教师的教和学生的学具备双向奔赴性，也促进课堂教学改革的不断深化。

第三节　教学的追本溯源

古往今来，大儒和学者们一直植根于对教育教学的改进和完善研究，古代很多大儒提出的教育教学理念仍为今所用。如，孔子主张循循善诱、知行统一，认为教学需遵循启发引导、理实一体原则；孟子提出因材施教、教亦多术的思想；老子倡导"无为"，认为教育应回归自然，复归人的自然本性。可见，古人亦十分重视教育教学的方法，致力于以人为本、循循善诱、因材施教的思想研究,推行知其然亦知其所以然的教学理念。

20世纪中叶以来,根据古人的研究成果,结合当时的发展形势,研究者们在沿用古代教育教学理念的基础上亦对其进行了完善和优化。著名学者胡适坚持问题导向,认为教学应该让学生通过证据明白知识的源头;著名思想家、教育家蔡元培先生认为最好的教育是培养学生自学,无视学生特点以及压抑、束缚个性的教学是不可取的;建筑学家梁思成指出,理工需与人文相结合,设计要与实施并重。由此,近代以来的教育教学已开始着重对学生全方位的培养。

随着科技的进步和人民生活水平的提高,教育教学改革也在不断推进和深化,以学生为主体、教师为主导的思想正遍布教改课堂,教学理念也在不断完善和更新。

追本溯源,顾名思义,就是追求源头、探索根本,教学上指的就是挖掘教学的根本目的,追寻知识体系构建的本意,沿着项目设计实施的轨迹,获得工程开发的逻辑思维,从而完成知识服务社会的路径建构。教学理念的追本溯源,其根本是要在把握"本"的基础上理清"源"。"本"的含义在职业教育中包括三个方面,一是本质教育,除了传道授业解惑外,还需要注重学生思想品德、职业素养、道德情操、创新创业等人文本质的培养;二是本领提升,它要求所有的教育教学活动都以学生为主体,根据课前充分调研的学情,设计课中的模块任务、以循序渐进的原则组织课堂知识的传授,课后积极收集学生学习的反馈并形成新的学习指导发送给学生;三是本位回归,高质量的职业教育是职业院校的根和本,它需要更好地服务产业链、服务人的全面发展,因此,产教融合至关重要。中共中央办公厅、国务院办公厅印发的《关于推动现代职业教育高质量发展的意见》指出,要推动中等职业学校与普通高中、高等职业学校与应用型大学课程互选、学分互认;要促使职业学校主动吸纳行业龙头企业深度参与职业教育专业规划、课程设置、教材开发、教学设计、教学实施、新专业共建等;要鼓励行业龙头企业主导建立全国性、行业性职教集团,推进实体化运作,培育更多的产教融合型企业。2021年,我国中等职业学校人数达1 311.81万人,可见,职业教育教学改革,任重而道远。

"源"是在"本"的基础上的进一步完善和优化。这个意义上的追本溯源,包括四层含义。一是理清知识的源头,如项目的起源、工程实施的背景,项目所处的地位和作用,其前期课程与后期课程的关系,这样就可以更好地理解整个项目化的课程体系。二是辨析学生存在的疑惑,并将其归类,寻找出处,从而明确学生疑惑的根源出处。三是分析专业知识体系建立的逻辑脉络,使知识的学习变成一个自我融会贯通的过程,使学生能够建立自己的思维导图,每一个知识点都能千丝万缕且严丝合缝地存在于这个体系中。四是探析知识的历史源头,将伟人的实践融入项目化教学,开展课程思政的同时,帮助学生厘清知识的来源,提升其责任感、使命感。

第四节 基本的教改探索

以应用电子技术专业为例,该专业是职教系统的老牌专业,近十年来,不断实施着教学改革,以某校为例,其教改探索主要表现在以下方面。

一、人才培养方案的完善

人才培养方案是学校实施人才培养工作的根本性指导文件,它集中反映了一所学校在人才培养工作上的指导思想和整体思路,对人才培养质量的提升具有重要导向作用。课程体系是人才培养方案中的核心部分,对于职业学校而言,在目前校企合作、工学结合的大形势下,以现场工作任务及项目化教学完善高职教育教学内容与课程体系是十分必要的。

1. 中职课程体系现状分析

中等职业教育中的课程体系设置,一般由文化基础类课程、职业能力培养类专业课程与技能训练类实训等主要部分组成,如图1-1所示。课程设置中虽能体现层次递进,但仍以单一课程的教学为主,各课程相对独立且知识点零散,对学生来说不易建立完整的体系;有时还会因为项目模块间的重复训练,造成学生的重复学习和学校资源的浪费。

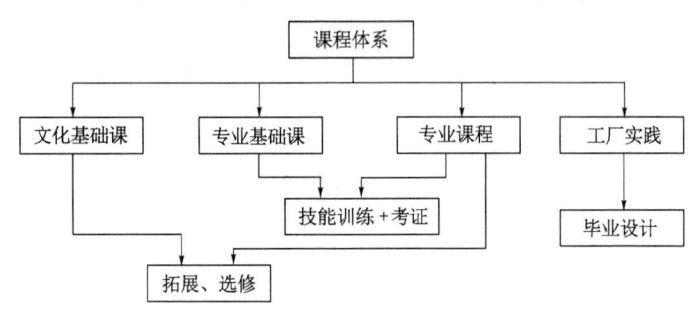

图1-1 中职课程体系设置图

2. 专业综合课程的开发

(1) 开发背景

综合课程起源于20世纪初德国的合科教学,是针对学科课程只向学生传授知识,不重视人的情感、与实际应用脱节等缺陷提出的一种课程类型。我国最先在儿童中应用,老师会以儿童当下的生活与经验为核心,来组织课程活动。

中等职业教育培养的是与社会主义现代化建设要求相适应,在生产、服务、技术和管理第一线工作的高素质复合型劳动者和中、初级专门人才。综合课程的合理设置也就应运而生。综合课程是在不改变原有课程体系架构的前提下,根据本专业的市场需求和科技发展,将学生之前所学课程知识进行目的性糅合,兼顾学生的情感与创新能力培养,生成不同的项目,项目间按照递进、循环上升式关系进行先后教学。具体而言,它就是一个工作过程,模拟学生在工作岗位上的一个或一组任务,将其抽象后,在老师的带领下让学生亲历解决实际问题,从而使学生的专业技术能力、人文素养都得以提升。

(2) 综合课程开发创新

以电子信息工程技术专业的"电子产品设计综合课程"为例,它是在电子测量仪表、电子元器件识别与检测等课程基础上构建的。该门课程以模电、数电、单片机、集成电路、元器件检测、仪器仪表测量等课程为基架,开发项目按照先易后难的原则,从函数信号发生器到智能温度检测器等,由单纯硬件电路的设计升级到含有单片机的软、硬件设计与制作。其实施步骤及能力对接如表1-1所示。

表1-1 综合课程项目实施步骤及能力对接

实施步骤	实施目的	训练技能	德育渗入及创新	岗位对接
任务布置,方案设计	由老师提出任务向学生发现问题、自我提出设计问题转变	由网络搜索资源、照搬资源向分析资源、合理正确利用资源转变	培养学生树立网络道德,秉持实事求是的态度,坚持创新	电子信息工程技术专业资料员、分析员、助理设计员

表 1-1(续)

实施步骤	实施目的	训练技能	德育渗入及创新	岗位对接
电路仿真及制版	由师生根据电路仿真结果分析原理向学生根据原理选择单元电路搭建整体电路转变	由验证性仿真向应用型仿真转变	培养学生理论联系实际的思想原则、亲历求知的学习习惯	电子信息工程技术专业绘图员、技术员、PCB设计员、PCB制作员
电路安装与调试	由单纯安装调试向装维转变	工艺安装技术要求、维修基本要领	培养学生安全用电的意识,规范取用耗材,不浪费的行为习惯	电子信息工程技术专业装接工、维修工、调试员、检验员
外壳设计与制作	完善产品设计流程,建立整体系统的意识	由粗糙简单设计向美观大方设计转变	培养学生与他方协作的意识,提高作品的原创性,具备原创自我保护的意识	电子信息工程技术专业材料员、检验员、助理设计员
工艺文件编写	确立实物与相关技术资料间的对应关系	既能看懂文件还能编写规范的文件	培养学生建立规范生产的意识,具备专业、谦和的态度	电子信息工程技术专业工艺员、质检员
作品的处理	创新结合绿色环保与互联网+的概念,建立作品的最终归属	促进学生建立在线回收、网络运营的基本意识。能根据不同作品选择不同处理方式,为社会发展与经济建设服务	培养学生有始有终的行事方针,建立一定的经济头脑,倡导事物的循环利用,资源的节省与绿色环保概念	电子信息工程技术专业网络运营、销售员

担任综合课程教学的指导教师,需同时具备较强的硬件设计和软件编程的能力,有一定的专业实践经验,形成了理论和实践基础较强大的知识体系,对电子信息工程技术专业前沿的科技变化有敏锐的感受力。

二、基于综合课程的人才培养方案构建

为培养适应生产建设管理服务第一线需要的技术应用型专门人才,也为了具体制定人才培养的目标、领域、课程体系等重要内容的需要,因此有了规范职业院校专业建设和教学的纲领性文件——专业人才培养方案。设置了综合课程的人才培养方案,无论是在知识结构还是能力结构上,都更加体现规范性、实用性和发展性的原则。

如图 1-2 所示,按照"2+1+1"的模式,在学生进行了两年的基础训练和一年的专业课程学习后,集中在四年级开设综合课程。它采用理实一体化的教学方式,在课程实施前将学生按照强弱互补的原则进行分组,取消期中考试,以"理论+实践+小组答辩"等多角度、多元素、多方位的评价方式对学生进行综合全面评价。

如表 1-2 所示,以电子信息工程技术专业为例,设置了如"电子产品设计""家电维修"等6门综合课程。这6门课程均是对电子信息工程技术专业知识与技能的浓缩升华,从数字、模拟电路的硬件电路设计制作到融入单片机编程技术的软硬件结合设计制作,开阔学生眼界的同时也拓宽了他们的就业面。

图 1-2 实施综合课程结构框图

表 1-2 电子信息工程技术专业基于综合课程的课程体系(1～4 年级)

课程			学时	学分	一 15+3	二 16+2	三 16+2	四 16+2	五 12+2	六 12+2	七 14+4	八 14+4
专业技能课程	专业课程	工程及电气制图	60	4	4							
		电子信息仿真	64	4	4							
		电工技术(上)	96	6		6						
		电工技术(下)	96	6			6					
		模拟电子技术	96	6			6					
		数字电子技术	96	6				6				
		电机与控制技术	96	6				4				
		PLC 技术与应用	64	4				4				
		C 语言程序设计	64	4					6			
		单片机应用技术	96	6					6			
		集成电路应用技术	64	4					6			
		电子 CAD	64	4						6		
		传感器应用技术	96	6						6		
		物联网应用技术	84	6							4	
		电子产品设计综合课程	108	6							18 (6 周)	
		家电维修综合课程	108	6							18 (3 周)	
		电源技术综合课程	54	6							18 (6 周)	
		光大技术综合课程	54	6							18 (3 周)	
		遥控技术综合课程	108	6								18 (8 周)
		SMT 综合课程	108	6								18 (8 周)

三、实施成果及小结

综合课程实施后,学生明显提高了学习兴趣。调查发现,98.7%的学生对综合课程的教学表示满意,认为无论是在学习成绩还是综合能力方面都得到了明显的提升;1.1%的学生认为还需要进一步提升课程实施中的实践操作比例,他们表示基本满意;0.2%的学生认为没有明显效果。可见,绝大部分同学认为自己在知识、技能、眼界、态度、协作、行为习惯等方面都有了很多收获,为自己的工作实习奠定了较好的基础。参与课程实施处于主导地位的专业教师也对综合课程给予了很高的评价,愿意进一步为课程的实施投入更多的精力。随后,针对实施综合课程教学的2012—2016届电子信息工程技术专业毕业学生进行了岗位跟踪调查(如表1-3所示)。结果显示,这几届学生的就业对口率提高,就业面明显拓宽,岗位停留时间延长,企业也反映学生素养明显提高。可见,综合课程的实施进一步完善了课程体系,有效提升了该专业的教学质量、人才培养质量,值得推广。

表1-3　2012—2016届电子信息工程技术专业毕业学生就业状况调查表

时间	就业状况			有劳动保障
	对口率	就业人数(包括升入本科)/人	一年内未换岗	
2012届	96.7%	16	95.4%	96.2%
2013届	99.1%	23	95.7%	97.3%
2014届	99.8%	22	96.1%	98.1%
2015届	100%	26	98.8%	99.7%
2016届	100%	31	99.1%	100%

第二章　具身教学模式的研究范畴

第一节　理论渊源及背景

在日常的学习生活中,我们经常以身体为参照物,对事物进行思考,我们将这个领域叫作具身认知(embodied cognition)。具身认知兴起于20世纪80年代末期,该理论突破性地提出身体、环境、意识的相互关系,即人的生理体验与心理状态强烈关联。如果我们给予自己积极的暗示,我们的心情也会随之变得愉悦。关于具身的真正含义,当前没有统一的说法,不过大多数学者认为人的生理和心理都对认知有着潜移默化的影响,从某种角度而言,不同人拥有不同的生理结构与心理,从而产生不同的思维方式。随着相关理论以及信息化的飞速发展,具身教学作为一种新型教学模式走入课堂,对教学产生了重要影响。

一、传统文化中的具身教学

中国古代思想家提出"身心合一"的思想,认为人的身心协调发展,两者相互作用、密不可分。区别于国外的身心二元论,我国传统文化的具身观念中,"身体"既包含我们本身的躯体层面,又有着"天人合一"的精神层面。"心"在中国古代思想史中除了代表我们的生理器官之外,更多地代表着主观思想与意念。在传统文化中,人们认为身体是感知世界的基础,发挥着主观能动性,但并非否认心智能够对身体起到控制作用,更多的是强调二者的协调关系。古人极力探寻人与自然的融合,这也奠定了古代思想教育体系中的认知方式。沿袭至今,演绎为现代传统的具身教学。

荀子认为"君子之学以美其身",君子学习,是为了让自身品德更加完善、高尚,也更有气质,强调了感官和认知的相互影响。宋明理学集大成者朱熹有云"读书有三到,谓心到,眼到,口到",朱子认为学习的过程中,只有达到身心合一,才能够真正地获取知识。具身认知在我国古代已经出现思想萌芽,哲人们尚未完成统一的教育理念,到近代社会又与外国具身认知理论形成了一次思想迸发。国外思想家认为知识来源于生活,教育的本质即教会人学会生活的技能。传统的教学模式虽然能够传授理论知识与实践技能,但是无法使学生的身心与教育教学完全统一。具身教学以学生的实际需求为出发点,注重身心头脑并用,将学生的学习主动性带入教学过程,形成良好闭环,这是对当前教育形式的巨大变革。

传统文化中的具身认知的典型特征可以概括为:具身性、情境性和生成性。具身性是指我们的认知来源于我们本体的经验,简单与复杂的认知都会受到本体的影响,认知不能脱离本体存在,而个人的认知依赖于身体和生理的感知。情境性是指认知和情境密切相关,我们周围不同的情境带给我们不同的感受和体验,进而影响了我们的自我认知。具身认知具有生成性,人即为认知的主体,我们通过不同阶段的外部接触不断重新塑造我们的认知体系。

幼儿发展阶段,幼儿的认知水平处于萌芽阶段,对于外界的事物,幼儿没有足够的思考能力以及判断能力,家长、幼师采用具身教学模式可以对其进行引导教育。首先,在进行教学前要了解幼儿自身的生理特点以及心理状态,从而设置教学目标。教育活动应该是灵活的,是一个动态交互的过程。例如,在手工课堂上,幼师可以采用图片、视频、实物等多种示例组合向幼儿展示手工的做法,引起幼儿的学习兴趣。通过提问、互动问答、游戏等交流方式,调动起幼儿的身体及思维,让幼儿产生联想、思考,以实现认知水平的更高水平发展。

成人阶段,认知水平已经发展到一定程度,同时身体机理与心智发育接近成熟,这一阶段的具身认知的应用较为广泛。我们个体的认知主要来源于个体在环境的变化中身体以及心理的改变。例如,我们常常会遇到某些较难的问题,一部分人在遇到问题的第一时间总会抱怨造成问题的原因,满脸愁绪,这种负面情绪往往会给他们消极的暗示,从而导致迟迟找不到解决办法,事情也就停滞不前。一部分人在遇到此类问题的时候却先让自己保持冷静,主动分析问题的根源以及主体脉络,从而找到解决问题的切入口,使之迎刃而解。

具身认知一直伴随着我们的日常生活,以各种各样的形式进行呈现,最简单的例子就是"望梅止渴",当我们提到某一具体事物,即可做出对应的生理反应,当然这种反应建立在我们接触过这一事物的基础之上。传统文化中并无具身认知的具体概念,却从最根本的认知观念为我们做了行为指引。在数千年的历史长河中,逐渐形成中国特色认知理论。传统文化中的具身认知教学强调身心实践与生活环境相统一,结合中华传统文化同步发展,这是对传统教学模式的创新与升华,正如古人云:"纸上得来终觉浅,绝知此事要躬行"。

二、职业教育的具身教学

随着21世纪20年代的到来,我国职业教育已进入高速发展阶段,作为世界第一职教大国,要在本世纪中叶完成向职教强国的转变。在转变过程中,教学模式自然成为教育教学活动的重要组成部分,成为支撑职业教育建设的重要支柱,而具身认知作为时下认知理论的重要组成部分,应为职业教育改革创新、前进发展提供有力的支撑。

职业教育应注重知识技能和基础能力培养,不忽视学习阶段中学生的个人情感、体验和价值观的培养,防止将学生自身提升与外部发展相割裂。具身教学模式中,教师和学生应该在教育教学过程具有统一性,共同去探究知识技能,一起进步,在经验分享中实现个人价值提升。

职业教育的具身教学模式意义:

1. 教学内容现实化

在职业院校课堂具身教学模式中,"教学"的意义不仅在于知识经验的传递,更应该加强学生与教学环境的感知与体悟,将知识自然"灌输"给学生。教学内容与此同时也被赋予更多的现实含义,将课堂学习内容与真实岗位和行业发展需求相关联,让学生在潜移默化中产生质的飞跃,从而将其职业教育所学内容运用到实际工作、生活之中。

2. 确立学生在课堂中的主体定位

前文提到具身教学模式中,教师和学生应该具有统一性,这里的统一性是指学生应该作为教学的重要组成部分参与到学习活动中。人的学习,不是机械式的"填鸭教育",而是身体、心智与环境融为一体,能够发挥出学习的最大主动性。具身教学模式首先肯定了学生在课堂中的主体定位,强调了教学活动是"以人为本",只有把握学生的发展特性,满足学生的发展需求,才能保障职业教育教学赋能机制的执行力。

3. 激发学生学习兴趣

研究表明:兴趣是主动学习的先导,教师能够激发学生的学习兴趣,尤其是针对学习能力较差或者主动学习动力较弱的学生,能够最大限度地帮助他们摆脱学习困扰。职业院校教师在进行教学内容设计和编排的过程中,为了能够让广大学生参与到教学过程,最大限度地调动他们在课堂教学中的积极性,可以采用分组教学模式进行项目式教学,结合创新引领,一方面可以提高学生自身的独立思考能力、动手能力、团队协作能力,另一方面还可以促进师生间的互动交流。

4. 课堂教学情境化

具身教学模式基于身心与外部环境的不断交流,为学习者提供真实的学习体验。职业院校学生的学习能力相较于本科院校学生有所欠缺,对于知识内容的理解往往不够深入。这样就要求教师在课堂教学过程中,要探索性地建构完整的知识体系架构,搭建起立体的教学场景,为学生提供更加真实的学习体验,便于课堂知识的消化吸收,达到知识技能的真正理解与掌握。

进入教育信息化2.0时代以后,各种先进信息化设备走进课堂。将信息技术与课堂教学相融合,使教学内容更加生动地呈现在学生面前,激发他们的学习兴趣,促使他们更加主动地学习。在"智慧教室"中,教师发挥主导作用,将学生带入学习情境,将身体、心智环境等要素融为一体,在简单学习中去解决棘手问题。信息化教学手段可以突出课堂教学重点,延伸课堂知识内容,培养学生实践能力以及创新意识。利用信息化的广阔性和互动性,充分让学生自主学习,唤起学生对学习的热爱。

职业院校由于受教育经费投入、建设思路落地等方面综合因素影响,其教学工具、实训装备、实训环境等教育基础设施较为落后,很多学生无法参与到实际的学习实训当中,大大降低了职业院校人才培养质量。随着信息化时代的到来,行业岗位的人才需求发生着巨大转变,现代社会需要的高水平、高素质、复合型技能人才,是能够利用信息技术智能设备开创新的生产力,使生产实现最大潜能的人才。

第二节　相关理论支撑

现阶段,职业教育急需发展变革,而加速这一变革的推动力之一就是现代思想。为了实现"职教大国"向"职教强国"的转变,需要我们去思考职业教育的发展方向与变革方式。在国内外研究热潮的推动下,我国的职业教育发展也迎来新的一轮思潮。

一、具身认知理论

很长的一段时间内,受笛卡尔"身心二元论"的影响,全世界的教育者普遍认为教育是人的能力训练和培养,与身体和环境感知无关。这一思维定式的固化,直接使职业教育的发展停留在教学实践的基础层面,而具身认知的出现打破了这一思想的局限性。具身认知兴起于20世纪80年代末期,相较于其他思想理论,虽然起步较晚,却有深厚的思想渊源。具身认知强调了身体和心理在认知过程中的作用,强调了身体、认知和环境的三者统一,让认知回归到意向与感知行为之上。前文有提到,春秋战国时期,我国的诸子百家均对"身心合一"的认知方式做出了个人阐述,如孟子"天将降大任于斯人也,必先苦其心志,劳其筋骨,饿其体肤,空乏其身,行拂乱其所为"和法家"其上世之士,衣不煦肤,食不满肠,苦其志意"皆强调学习认知与身体心智的关联,体现出具身认知的思想。明代著名思想家、教育家王阳明在《传习录》中提到"知者行之始,行者知之成"的"知行合一"思想,更是我国古代对具身认知的集大成体现。

具身认知在古代思辨、认知体系中已有萌芽，但是在很长一段时间内，人们的思维与认知方式受柏拉图以及笛卡尔等影响。柏拉图提出的"知识是灵魂追随事物的运动""美德即知识"等观点将认知与人的本体相剥离，他认为存在是知识的对象；不存在是空无，是无知的领域；介于存在和不存在的事物，则是意见的对象。笛卡尔的"身心二元论"过于强调自然界的实体心灵和物质构成，二者完全不同而又各自独立，某种意义上，每个实体都独立于另外一个实体而存在。如此，便形成了心灵与身体分离的二元论。现实生活中，比如我们吃到好东西就会感到愉快，而悲伤的情绪则会使我们身体受到影响。所以，人们发现笛卡尔的认知理论并不符合所有现实情境。具身认知融合哲学、神经科学、心理学、信息技术等多个领域的先进经验，作为当下认知领域热门的理论，能为人类认知活动的发展提供更好的选择。

在具身认知理论的基础之上，逐渐衍生具身教学模式，为职业院校教育教学提供范式。具身认知理论中倡导教育工作者树立以学生为中心的教育观，为学生营造积极的、沉浸式学习体验，从具身认知的具身性、情境性和生成性三大特征角度出发，制定具身人才培养方案、深入开发课程系统性项目、切实打造模块化教学方式，构建综合能力培养路线。

二、德国格式塔心理学理论

德国资产阶级革命起步较晚，却在短期内能够迅速赶超英、法等老牌强国，依靠的不仅仅是蒸蒸日上的经济发展。这一阶段，德国的意识形态也表现得高度统一，格式塔心理学理论便是其中的佼佼者。格式塔心理学起源于20世纪50年代，基于康德、胡塞尔等先驱的哲学思想，卡夫卡、韦特海默对其进行进一步升华，总结出心理学的两大研究对象：经验和行为。经验是主体在认知过程中掌握的信息；行为则分为自身在环境中的活动和本体内部活动。格式塔理论的核心概念是"整体论"，简单而言就是：整体大于局部之和。事物的本质是由事物的整体决定的，不是简单地对各个组成元素的分析。强调整体论思想，是对我们认知事物的一次重大变革，同时也对职业教育有着巨大的影响。

学习讲求整体性，而非单一知识点理论的集合。过去，我们对职业教育中的整体性理论的应用还停留在对单个知识点的整体感知，随着"三教"（教师、教材、教法）改革的推进以及职业教育理念的更新，格式塔整体性教学理念被赋予了时代特色，单一知识点的教学思路转变为系统化的教学模式。在格式塔教学理论的指导下，教师更关注学生在学习过程中的认知重组，运用整体性原则调整教学思路，构建起一整套的教学理念。简而言之，教师在教学过程中设计教学情境，让学生在学习过程中获得真实的学习体验。

格式塔心理学理论强调学习过程中经验和行为的整体性，我们可以将课程结构统一规划，打造统一的课程体系。前文有提到开发课程系统性项目，其本质与格式塔心理学理论在教育领域的应用不谋而合。设计系统化的课程体系可以将碎片化、零散的知识点进行整合，打造整体化教学体系。现阶段职业院校的课堂教学内容大多以结果为导向，将知识点、实训内容进行拆分，格式塔心理学的经验告诉我们，教学设计要把握整体性，这就需要我们职业院校教师在开发课程系统过程中能够进行统一规划配置，避免课程体系的分散与僵化。

项目化教学是职业教育的创新点，在教育教学过程中发挥着至关紧要的作用。在遵守整体性原则和规避教学知识点碎片化的基础上，将教学活动有机分为若干个独立任务，在制定教学任务的同时规划阶段教学目标。例如，在通信专业的"5G基站建设与维护"课程中，教师将5G基站建设的相关学习内容进行项目化分解，第一部分可以带领学生学习5G的发展和演化以及我国基站建设的现状；第二部分带领学生学习基站拓扑设计……如此一来，每个教学内容相对独立又相互关联,也有利于教师把握项目的整体性。

职业教育要注重整体教学思路,同时也要引入真实教学场景。教师要去了解学生学习的最终目标——就业,根据实际工作岗位所需的真实实训技能进行人才培养,在教学实训的过程中嵌入真实技能实训环节。在设计"5G基站建设与维护"课程教案环节时,教师可以引入"5G基站建设与维护虚拟仿真实训系统"进行辅助教学。虚拟仿真软件直接对标行业技能标准,通过虚拟仿真软件的真实性和沉浸性来吸引学生的学习兴趣,提高学生的学习参与度以及真实岗位技能的熟练度。

三、知行合一理论

知行合一是我国古代对认知实践的重要思想结晶,由明代心学集大成者王守仁首次提出。"知"代表人的认知、思想以及道德理念的集合,"行"是指人的行为实践。知与行,是意识与行为的联系。国内职业教育改革如火如荼,在倡导产教融合的背景下,知识理论如何与生产岗位相结合成为当前职业教育面临的重要问题。建设中国特色职业教育体系,应倡导"知行合一",帮助职业院校学生学以致用,为社会提供高水平、高素质的复合型技能人才。

随着职业教育理念不断革新,职业教育的目标也要适应时代发展的要求,运用现代教育理念开展教育教学活动,注重理论实践相结合,培养学生的专业知识技能。从两个角度而言,学生的理论知识学习是"知",而从实训实操技能以及岗位工作能力的掌握则是"行"。以现代通信技术专业为例,通信技术不断进步,现在已经是4G到5G的演化,这就要求学生不仅要掌握基础通信知识,还要学习实体通信设备的操作应用。只有做到学以致用,才能保证职业教育学习阶段与行业相接轨,促进职业教育的长期发展。

具身教学模式以及格式塔心理学的整体论都倡导职业教育为学生提供学习情境,知行合一理论在职业教育中的应用也要强调情境化对于教学的促进作用。传统职业院校的理论学习往往安排在常规教室,理论学习完毕才去实训教室进行实操训练,这样一来,便造成了理论与实践的分离,破坏了知行合一、学以致用的整体性。为改变这一现状、实现一体化教学,部分职业院校开始建设新型教学场所,在这种环境下,教师可以带领学生在完成理论学习后直接进行实训,与此同时,教学场所可以为学生提供各种信息化多媒体教学设备,实现立体化教学,真正让学生在学中做、做中学,学以致用,实现长足进步。

四、人—技关系理论

人—技关系理论创始人为唐·伊德,他是当代著名哲学家,主要研究技术哲学与现象学。伊德的现象技术哲学主要包括技术现象学、工具实在论、技术文化观和虚拟空间与体现现象学四部分。其中技术现象学是整个理论体系的核心,技术现象学又称为人—技关系理论。人—技关系理论又将人与技术的关系划分为具身关系、解释关系、它异关系和背景关系。其中,具身关系又与具身认知有着千丝万缕的联系。

具身关系,是指技术和人本身的关系,二者相结合又相互延伸。以手机通信为例,我们在利用手机上网或者通话的过程中,手机让我们获取了更多的外界信息,扩大了我们的感官接触面。这一观点和具身认知中身体状态和心理感受与外界的交流不谋而合,有着异曲同工之妙。

第三节　核心目标构建

教育教学的本质是教师传授与学生学习之间的辩证统一,是教师与学生之间的知识传递,是为学生奠定终身发展基础的重要途径。职业教育教学的整体提升离不开整个职业教育体系的结构优化,离不开教学模式的调整,离不开教学核心目标的建构。核心目标是教育教学的中心,是对学生在教育教学过程中学习、认知、素养、能力、身心发展等全方位的要求,也是教学整体过程的导向。只有设计出合理的教学核心目标,才能促使育人目标与课程目标的最终落地。

一、形成一套"标准"

长期以来,传统课堂教学模式过于单一,教学目标定位较低,往往停留在知识的简单灌输,学生缺乏良好的学习体验,限制了学生的技能运用与创新实践能力的发展。现阶段,职业院校在教学目标设计过程中缺乏统一标准,在教育教学过程中,职业院校教师没有形成统一的理解,导致在教学实施过程中,教学核心目标偏离、行动泛泛、不成体系等种种问题凸显,具体分析如下。

1. 教学目标定位不清晰

现阶段"核心素养"逐渐成为职业院校教学活动的重要组成部分,我国职业院校教学改革过程中进一步加入了"情感态度价值观"的内容,即教育教学要更多关注学生价值观的培养以及社会责任感的形成,促使个人价值与社会价值的统一。这对落实立德树人教育目标、推动人才培养目标的实现有着必要关联。实际上在制定教学目标过程中,缺乏具体的定位与对于学生价值观的关切,从而将教学目标定义成一个强制化、僵化的目标,无法聚焦到教育本身。和"身心二元论"相类似,传统教学目标将学习的最终成果定义为反复的练习所形成的结果,进而忽略了学生身心的发展与外部环境的交流。教育教学要着眼于学生全方位的学习体验与发展,要善于启发学生的创新思维,让创新成为习惯,思考成为必然,才能使教学整体框架更加丰满。在职业教育开展过程中,模糊的教学目标没有宏观上对整体教学过程的把控,微观上又缺乏对教育细节的处理,就无法在人才培养模式上实现创新、在人才培育层次上完成阶段性优化。

2. 教学目标的实施过程逻辑偏差

前文提到职业教育要以学生为中心开展教育教学活动,强调学生在学习过程中的主体地位和主观能动性。现有的教育教学活动中,教师还处在主导位置,把握课堂的教学进度,制定与规划学习方式。这种教学模式固然存在有利之处,一方面可以加快教学进度以及知识内容的传达速度,另一方面可以增加教师在课堂教学中的主体把控。而我们更应该注意到这种教学模式导致了教师与学生的分离,知识与技能的割裂。久而久之,会造成学生独立自主学习能力的缺失以及对教师依赖的日益增加,这与新时代职业教育的教学改革目标相背离,无法满足教育教学与社会生产岗位相统一。

3. 教学目标设计过于陈旧

首先,教学目标设计应符合社会生产力发展,跟踪日新月异的科技变化,甚至领先于岗位技术。很多职业院校设计教学目标时,往往参照以往的教案内容,进而导致教育思路落后,跟不上时代步伐。同样以现代通信技术专业为例,行业的通信标准目前已经进演到5G

时代,而职业院校的教学内容大多停留在 4G 技术的教授阶段,因此就造成了职业院校学生的学习滞后,毕业之后需要重新学习岗位技能,一方面浪费了学校的教学资源,另一方面不利于社会产业的迅速发展。

实现教学核心目标首先要提高学生的基础素质教育。素质教育是职业教育的基础,一个能力再强的人,如果道德品质不过关,也很难在工作中有所作为。职业教育发展至今,培育了一部分精致利己主义者,他们的工作目标只是为了使个人利益最大化,这与职业院校服务社会发展的初衷相背离。在党和政府的指导下,"课程思政"被引入日常教学,这不仅是职业教育的形式变革,而且是全方位、全过程地为学生树立社会主义核心价值观,是职业院校教学核心目标的重要组成部分。

其次,教学核心目标的设定要符合人才培养的发展规律。人才培养不是一蹴而就的,而是一个循序渐进长期发展的过程。人才培养要遵守学生的天性,职业院校的学生心智尚未成熟,不便于管理,对于教育教学工作的开展有时候会产生阻碍,这就要求职业院校教师理解并尊重学生的天性,挖掘学生内在的闪光点,引导学生发现自我、认可自我。对于不同阶段的学生,教学核心目标要有针对性,因为人才成长具有渐近性与层次性,故教学内容设计要遵循人才培养规律,即教学内容要由浅入深,由通识课程向专业课程与实训课程切换,使职业教育更加契合人才成长。

最后,教学核心目标的设定要注重自主性与指导性的结合。前文提到我们要注重挖掘学生的自主学习能力,在现有大环境下,教师在指导学生学习的同时也要主动激发学生的学习主动性和学习兴趣。在启发学生自主学习的过程中,教师应尊重学生个体与整体的发展差异,既要看到学生的共性,进行整体赋能,又要考虑每个学生的基础、能力、思维差异,对于个性发展进行协调,带领学生走向正确的职业教育发展道路。

二、开发一套"项目"

设定教学核心目标,最终要使教学核心目标完成落地。格式塔心理学教育讲求整体性原则,在此基础上,我们可以设定项目化教学模式,使师生共同参与教学活动。核心目标制定过程中,应加入"项目式任务",利用项目的行为导向,注重学生在项目活动中的综合能力发展与教学评价。

在具体实施"项目"的过程中,要明确教师以及学生的任务,由教师首先发起项目任务,学生根据项目要求进行任务分析,教师将学生分为项目小组,小组成员共同研讨任务策略。若干小组共同制订好项目计划后,及时向教师反馈,教师根据学生的汇报情况进行评定以对应指导。各个小组根据优化后的工作计划进行明确分工,让每个小组成员树立项目经理意识。项目实施完结后,进行自我评价、学生互评和教师评价。

教学核心任务的项目化能够调动学生的学习兴趣,增强学生的自信心,激发学生自主学习的积极性。项目化教学能够促进师生之间的知识传递以及情感交流,帮助教师深入了解学生学习需求,引导学生树立项目化意识和创新思维。对于职业教育核心目标而言,项目化教学法能够培养学生的团队意识以及解决问题的能力,提升学生在未来就业岗位中的竞争力。

三、探索一条"路线"

制定教学核心目标是职业院校立德树人的重要举措,它坚持理论教学与实践相统一的原则，兼顾教学育人与实践育人的内核，充分体现出职业教育积极探索教学改革的新思路。制定完善的教学核心目标，需要积极探索实践育人路径，培育当前社会所需的高素质技术技能人才。

　　探索实践育人路径需要强调相关性，促进师生教学参与度。学生尚未进入社会，大多对自己的职业生涯没有具体的规划目标，对自己当前所学与未来职业的关联性感到迷茫。古人云，师者，传道授业解惑也。职业院校需要为学生明确知识技能与生涯规划的关联性，让学生认识自我，并尝试为自己制订目标计划。同时，更应鼓励学生积极参与专业发展活动，例如创新创业大赛、职业生涯规划竞赛等活动，一方面有助于帮助他们树立自信心，另一方面能够帮助他们提高职场竞争力。

　　教育教学实践育人路径建构的第二课堂是关键，第二课堂是常规教学的拓展，也是第一课堂的实际运用。第二课堂可以包含多种形式，比如社会调研、青年志愿活动、校园文化活动、勤工俭学、带薪实习等，同时学校也可以组织行业技术讲座、模拟招聘训练等。第二课堂打破了传统教学——实训的固有模式，让学生拥有更多的具身自主体验，能够更好地培养学生独立探索的能力。

　　探索实践育人路径要以市场为导向，无论什么阶段，职业院校的育人目标都要注重社会需求的变动。教育教学核心目标要根据生产岗位的需要进行及时调整，从而更好地把握人才需求，对接产业。

第三章 具身教学的研究综述

第一节 国内外相关研究现状

具身认知理论是近几十年来的重要认知理论,已经被国内外教育工作者广泛应用,下面我们一起来了解一下国内外具身教学的研究现状。

一、国外研究现状

具身认知作为超越身心二元论的新型认知范式走进公众视野,近些年在国际上掀起了研究热潮,越来越多的教育工作者开始思考具身认知对于教育教学活动的作用。国外学者指出,具身认知理论涉及哲学、心理学、神经学、生物学等多门学科,能很好地指导人们的认知;凭借其具身性、情境性和生成性的特征,还能为教育工作者设定教学目标、优化人才培养方案、建构系统性知识框架提供支撑。

当代认知科学和信息技术的创新发展,改变了传统教育认知观念。国外院校在教学活动中融入具身认知理论,在教学设计过程中注重学生在教学空间内的整体感知,将信息技术带入课堂,增强师—生、人—物之间的交互,使学生获得更好的具身学习体验,有效促进教育活动开展。

这种新型的教学空间我们简称为"智慧课堂"(与传统智慧课堂不同),新型智慧课堂的建设思路可以分为多个层级:感知层、传输层与应用层。感知层是智慧课堂的基础,其中包含了基础硬件设备,比如计算机、显示设备、摄像头、VR 设备等,一方面能够为学习者提供基础的交互感知;另一方面能够采集学习者的身体状态、肢体语言、学习状态等基础数据信息,利用大数据进行分析并给予实时反馈。传输层包含教学空间内的网络,为信息化教学设备以及环境设施提供基础的网络支撑。应用层是数据分析反馈以及教学内容的展示层,语言交互、肢体交互、信息交互等构成整体的应用层级。三个层级之间相互协调,为教育教学的开展提供更加便捷、科学的支撑,有利于促进职业教育的改革。

科技时代,智慧课堂结合具身教学探索更为科学合理的课堂教学方法,搭建虚实结合的学习情境,使学生寓身于境、寓身于情,提升课堂沉浸感与体验感。美国学者立德威尔认为:沉浸式体验可以使我们达到忘我的状态。由此启发教育工作者:巧妙利用沉浸式教学体验开展教学工作,不断提升课堂教学效果。在智慧教室中,知识不仅仅以书本形式呈现,还可以以语言、数字媒体、电影等多种表现形式存在。

利用大数据、5G、云计算、人工智能等新一代信息技术可以使教学资源智能化,使教学方法多样化。仿真化、具象化的教学资源,为学习者提供更多个性化的学习。

苏霍姆林斯基曾说,让学生在亲身参与中体验到掌握知识的情感,是唤起少年对知识兴趣的重要条件。国外研究学者普遍认为,职业教育阶段,在理论知识与专业技能结合的过程中,往往因为学生的个体差异而导致最终学习效果的良莠不齐。合理构建具身教学场景,能够最大化地调动学生的学习兴趣并提高其参与度,缩小学生的学习水平差距。美国亚利桑那州立大学曾专门建设一种新型教学环境,通过实体环境与虚拟环境的结合,让学习者沉浸在教学环境中,从而进一步研究具身教学模式对学习者的影响程度。

二、国内研究现状

国内学者对具身认知的研究虽比国外晚一些,但经过几十年的沉淀,也取得了一定的成果。以具身认知为关键词进行搜索,显示相关文献572篇,与课堂教学有关的281篇。

我国对具身认知的研究,最早见于李恒威、盛晓明所发表的《认知的具身化》一文,该文阐明身体在认知中的核心地位,总结归纳了具身认知的含义、维度以及实现具身认知的路径和方法,为具身认知在国内的研究抛出了橄榄枝。之后的学者,分别从范式研究、认知观、身体在认知中的作用等方面做了进一步的阐述。

叶浩生在《具身认知:认知心理学的新取向》中阐明,具身认知在身体认知过程中发挥着重要作用,主要表现在,身体的物理属性决定了认知的方式与步骤;认知的内容可以通过身体更加丰富;认知环境、人的身体与认知活动是相互依存、相互补充的。

张良在《论具身认知理论的课程与教学意蕴》一文中,认为具身认知理论对教学实践和科学实验有重大意义,有利于将基础理论蕴含于教学活动中,为进一步深入理解科学理论提供机会。

许先文在《具身认知:语言认知研究的跨学科取向》中,认为具身认知是一种独特的认知模式,是涉及多个学科的复杂概念,只有将它与其他学科更好地结合,才能在语言教学等方面发挥巨大的应用价值。

杨鑫在对一线教师阅读教学的行动研究中发现,具身认知无论是对教师的教还是学生的学都具有十分重要的意义。将具身认知与语文阅读相结合,可以解决传统教学中的身心分离、身心二元等问题,让学生通过身体感官以"身历其境"的体验高效完成认知活动。

笔者经过近些年对国内职业院校具身教育相关研究的总结分析发现:

(1)国内具身教学研究活动相对较少,对具身的思考不足;

(2)国内具身认知与职业教育结合度不够高,需继续探索适合国内职业教育发展的具身教学模式;

(3)职业院校开展具身教学模式还需更多政策支持以及行业指导。

第二节　具身课堂的政策支持

职业教育具身教学模式的革新离不开强有力的政策支持,下面我们一起来梳理一下近些年政府出台的相关政策。

"三教"改革是"职教二十条"中对职业院校教学改革的重要指示,这是教师、教材、教法的统称,其中教师是根本,教材是基础,教法是途径。三者相互关联,形成一个有机的教育闭环,对应了职业教育中"谁来教""教什么""如何教"三大基本问题。"三教"改革瞄准了职业教育的关键所在,是职业教育迈向高质量发展道路的重要路径。

教师改革为了打造一支专业技术过硬、教学能力突出的"双师型"教师队伍,鼓励教师全方位发展,积极参与教学创新与学习实践。教材改革能够选拔出内容精良的优质教材,同时配套信息化资源。教法改革以校企双主体育人为切入点,通过实验、实训、实习三个关键环节,革新教学方法,建设一批环境设备齐全、教学实践一体的实训室,结合具身教学理念,打破传统"学—做"模式,使学生"身心合一",更加融入教学过程。

"三教"改革是新时代、新教育理念指导下的教学改革,它抓住了教学的基本规律,鼓励教师利用信息科技将教材和教法转化为教育常态。

为推动我国职业教育高质量发展,加快我国由"职业大国"向"职业强国"转化的步伐,教育部等9部门印发《职业教育提质培优行动计划(2020—2023年)》(以下简称《行动计划》)。文件中列出多项重点任务,职业教育信息化2.0建设行动与职业教育创新发展高地建设行动等,为当前职业教育的教学改革提供了指导方针,也是对于具身教学模式实用性及创新性的肯定。

教育信息化2.0于2018年4月13日正式提出,这是对教育信息化的优化升级。教育信息化2.0中重点提出:教育要从应用融合发展向创新融合发展转变。随着教育信息化进入融合多媒体时代,对于教师、学生的信息化素养要求越来越高,对教学环境的要求也越来越智慧。教育信息化2.0为具身教学模式的应用奠定了基础。

第三节　ICT学院教改思路

2019年9月25日,国家发展改革委、教育部等6部门印发《国家产教融合建设试点实施方案》,明确指出,建立产教融合试点,探索校企双主体育人模式。以南京高等职业技术学校ICT学院建设为例,谈一谈具身教学与产教融合教改思路。

一、方案设计

ICT学院在建设中,引入合作企业的人才标准、运营服务体系、运行流程、规范和制度,引进最新技术和装备设施,打造最真实的实训和工作环境。为对接产业发展及企业人才需求,ICT学院建设"三大中心",即通信、网络安全、大数据、物联网、技能大师研发中心,学生创新中心和培训服务中心。通过和国内顶级通信企业进行校企合作,采用"学中做""做中学"的方式,将理论教学和实训教学相结合,将"现代学徒制"作为校企共同推进的一项育人模式。

ICT学院下设学院专业委员会、学院办公室、各专业混编教学团队、职业素养培训项目组等工作机构。学院专业委员会是ICT类专业人才培养方案、师资队伍建设和技术研发等重大事项的研究、咨询和决策机构。学院办公室是完成学院主要工作任务的实施机构。各专业混编教学团队是专业人才培养、课程开发、产学研等具体工作的执行部门,接受学院专业委员会的工作指导。职业素养培训项目组主要开展企业文化的熏陶、职业习惯的养成训练,提高学生的综合素质。

1. 建设高水平教学创新团队,打造通信人才新高地

ICT学院建立由学校师资、企业师资、企业专家构成的混编教学团队,服务于学科建设、学生培养。

南京高等职业技术学校聘任企业专家、企业师资担任校方兼职教师,负责ICT学院学生职业素养、部分专业核心课程以及大部分实训课程的授课工作。企业选聘校方讲师进入企业师资团队作为企业的兼职员工,校方与企业共同完成课程的设计、开发、交付等工作。

2. 多措并举,建立多模式创新人才培养体系

ICT 学院人才培养打破传统的学生培养模式,学校联合企业,充分研究行业岗位的职业技能要求与技能标准,以促进学生精确就业为根本出发点,双方共同制定岗位针对性极强的人才培养方案,并根据行业发展保持实时更新,确保人才培养方案的与时俱进。

依据共同修订的人才培养方案,双方以教研室为基础,由学校老师、企业专家、企业讲师共同组建课程开发团队,为学生"量身定制"专业教材,覆盖学生作为"职业人"所需的职业素养、技术技能等能力要求。

人才的职业技能鉴定被同步引入 ICT 学院的人才培养体系,学生结束学习后,将在校参加职业技能认证,真正客观地评价学生学涯技能水平,为学生精准就业铺平道路。

3. 联合开发教学资源,共享信息成果建设

ICT 学院充分利用企业资源,完善学院各项资源建设。依据企业对岗位职业技能及人员素养要求,学校联合企业共同制定 ICT 学院人才培养方案。依据共同制定的人才培养方案,再引入企业职业素养、专业核心课程、实训课程资源,采用企业项目化教学方法,为学生提供实战型极强的教学服务。

培养与建设机制。ICT 学院在混编师资团队的基础上,逐步获得一支稳定的"双师型"师资团队,更好地完成教育教学工作,形成良性循环;通过引入业界最先进的商用设备,ICT 学院建立一套完善的、贴近实战的实训基地,彻底改善学校教学与实际脱节的情况;通过引入职业技能认证,更加客观、直接地考核学生技能掌握程度,为其实习就业铺平道路;通过引入企业的实习就业服务,学院学生的实习就业得到最大限度的保障,真正实现瞄准岗位需求培养学生。

4. 共建实训基地,培育通信创新人才

ICT 学院全面引进企业先进的商用系统设备及平台,严格按照商用网络搭建实验实训平台。目前,学院已建成实训基地包含移动通信、大数据、网络安全等部分,全面满足师生教学、科研、创新等方面需求。真实实训环境对接真实岗位,为学生创造交互性更强、体验性更好的具身学习情境。

二、ICT 学院合作模式

1. 优质资源共建共享

学校投入专业骨干教师、企业投入行业资深专家,成立专业精品课程建设团队,共建优质教学及实训资源。

2. 互认挂牌、就业推荐、员工培训合作

学校在企业挂牌设立"南京高等职业技术学校校外实训就业基地",企业方在学校挂牌设立相应的人力资源培训基地。作为学校外实训、就业实习基地,企业承担就业推荐工作;作为企业的人力资源培训基地,学校提供包括员工培训、技能考证等在内的人才培养服务。

3. 嵌入式培养、校企共建

双方共建包括但不限于"通信专业""大数据专业方向""网络安全专业方向"的校企合作班,共同输出"校企专业共建方案""人才培养方案""实训基地共建方案"等教学资料,并进行师资培训,在学校教师人员尚不能独立胜任专业教学工作期间,由企业牵头负责相关专业的学生教学工作。

4. 合作共建校内生产型实训基地

校企共建生产型实训基地,共同推荐企业技术骨干、能工巧匠承担生产型实训基地的教

学任务。

5. 合作共建校外顶岗实习基地

学校派遣优质学生到企业及企业所在产业链上下游合作企业（以下简称乙方体系企业）进行顶岗实习；企业作为学校学生的顶岗实习单位，为学校学生顶岗实习提供相应的实习工作、生活环境（顶岗实习期限一般为6个月）。

6. 互派挂职、交流合作

双方每年互派相关人员到对方机构挂职锻炼，参与相应工作。挂职期间双方相互提供食宿和工作岗位及锻炼机会，保证交流效果。

7. 教科研及产学合作

学校聘请企业相关人员参与学校的教学改革、教材编写等工作，进行企业文化与管理实务的系列传递，成果产权归双方共同所有。企业聘请学校高层领导担任企业发展顾问，并定期进行系列讲座。学校选派优秀教师和业务骨干参与企业教科研项目，产权归双方共同所有。

三、调整升级

工匠精神是一种基于爱岗敬业、专注、精益、创新的职业精神，是职业院校学生的一种行为表现和价值取向，包括精雕细琢、追求完美与极致、勇于创新等职业操守和价值追求。其中，爱岗敬业是职业精神的根本，精湛的创新精神是灵魂，精雕细琢的品质是核心。

1. 第二课堂引入

ICT学院新学期均举办开班典礼，校企领导从学院合作模式、合作内容、合作机制、合作成果等方面向同学们进行详细介绍，同时举行优秀表彰，传承良好的校企合作氛围。

企业每学期都会深入校园，为学生带来先进的产业、行业发展现况及发展趋势的技术讲座（每届学生举办6~8次），让学生时时站在信息的前沿，提升其未来就业竞争力。

为让学生提前适应企业文化，每学年都会安排学生入企业参观，了解企业文化、企业内涵、行业前沿技术展示，实现学校教育和企业的对接。

不定期举办校企文化周活动，为实现学校教育和企业需要"零距离"，实现学生在校企之间的"零过渡"，打造学校专业特色和就业亮点，提高技能型人才培养质量。

按照企业对员工的职业素养要求，开发设计课程，提前嵌入人才培养过程，强调培养学生的综合职业能力，从职业岗位的需要出发，确定能力目标。着重培养学生的关键能力，同时兼顾态度、知识、技能、情感等要素。如行业认知、职业规划、职业道德、团队合作、职场礼仪、时间管理、沟通管理等，实施准职业人培养。

2. 课程改革

校企充分研究行业真实岗位的职业技能要求与技能标准，以促进学生精准就业为根本，共同制定岗位针对性强的人才培养方案，并根据行业发展保持实时更新。

在教学过程中由企业讲师承担学生的职业素养课程、专业课程以及部分实训课程的教学工作，采用项目式教学的方式，所有的知识点与实际项目相对应，授课过程中实现理论与实践相穿插、理论与实践相结合的教学方法。在正常的教学计划外，开展丰富多彩的第二课堂活动，进行职业规划教育、模拟招聘等。从学生入学即开展职业规划教育，聚焦学生未来就业通用技能，开展精英计划，聚焦行业热点与学生关注热点，开展信息技术大讲堂活动，鼓励企业人员、校方人员、学生登台分享，百花齐放，百家争鸣。邀请ICT行业专家开展行业讲座及论坛,为学校师生带来新技术、新趋势的盛宴,与时俱进。

3. 实训室建设

ICT学院实训基地已建成移动通信、大数据、网络安全等部分,全面满足师生教学、科研、创新等方面需求。基地建设以产教融合云平台为基础,由此孵化出专业建设服务体系、在线课程教学体系、配套数字资源体系、资源建设共享体系。

产教融合云平台:互联网＋ICT技术教学服务平台(产教融合云平台)。互联网＋ICT技术教学服务平台,是直接服务于职业院校"专业及专业群的建设"的专业建设与教学服务综合性平台。

通信基地:通信实训基地主要涵盖了4G、5G移动通信、光传输、数据通信三大通信产品。在课程设置上按照实际网络组建的项目流程进行。基地采用国内先进的软硬件产品,对标了1＋X职业技能等级证书(5G基站建设与维护、5G网络优化),利用虚实结合手段,将行业先进技术引入课堂。

大数据基地:大数据基地建造由大数据实训平台及相关服务器构成,可以直接使用平台模拟真实大数据一体化环境,从数据导入到数据清理、分析、可视化,直到最后输出分析,提供完整真实的大数据训练体验。

网络安全基地:网络安全基础实训平台区别于传统培训平台,是集训、练、赛、评一体化设计的网络安全实战训练平台,提供网络安全攻防知识培训及实操解题练习,支持在线夺旗竞赛,并形成完整的人才能力评价体系。

四、不断完善

根据教育部对职业教育的总体要求,从真实岗位群设置的内容出发,对当前职业教育中的教学思想、管理制度和教学理念进行革新和评价。在教学标准方面,通过深入社会一线,了解当前企业发展中的用工需求,收集企业关于人才的能力要求,根据学校教学规律,制定出符合学校现状的教学内容。在教学管理制度层面,从教学实际出发,完善学校管理,制定出符合学校特色的教学管理制度。在教师队伍建设方面,针对专业课程体系进行师资资源配备,同时,加强教师思想品德和职业道德建设,着重培养教师的实践能力。

ICT学院理事会制定完善的规章制度,运用科学的项目管理方法,制定学院建设任务书、考核标准、奖惩措施、各阶段目标等,保证各项工作顺利开展,权责明晰,流程顺畅,做到有章可循、有记录可查。

混编师资团队由学院教学经验丰富的老师和企业多年从事商业项目运维的项目经理、资深工程师组成,共同完成专业人才培养方案建设、课程建设等,定期分享项目经验,在实现知识传递的同时,研发新项目。

教学评价注重过程环节,同时加强毕业生质量的评价追踪,在社会范围内建立用人单位信息反馈机制。

五、试点经验总结

产业学院是依托行业企业,在职业院校内以相关联专业组成的教育主体。这些专业都具有共同的行业背景,或面对的服务在同一产业链的各个环节上。学院依据行业企业的产业链,围绕职业岗位需求进行构建。产业学院是一种新的校企合作模式,能最大限度整合、调度校企的优势资源,明确人才培养目标定位,提高学生就业率和专业对口率,有利于专业建设与学校的品牌建设。

1. 学生综合素质全面提升

ICT 学院充分利用企业资源,完善学院各项资源建设。

2. 招生就业影响力扩大

校企在顶岗实习与就业资源上的信息共享,为学生的顶岗实习、职业生涯发展,提供了多维度服务与支持。

3. "双师型"教师技术水平提高

ICT 学院混编师资团队中,有实践经验丰富、管理经验先进的高管和工程师,一定程度上补强了学校教师队伍的"企业素养",进一步提高了师资队伍的技术应用水平和实践能力。

4. 教学资源开发质量提升

混编师资团队采用项目式教学法以及项目式教材实施教学,充分模拟实际工作环境和工作内容,实现学习与就业"零距离"对接。

第四章 具身教学模式构建

第一节 具身教学的核心价值

具身教学是一种全新的认知方式,它对传统离身教学进行批判,强调身体、心智、环境在认知过程中相互影响、共同产生作用。杜威在《民主主义与教育》中提倡教育即生活,最好的教育是从生活中学习,从经验中学习。正如叶澜教授所提出的课堂教学要跳出常规的模式,从生命的高度、动态生成的角度去完成。社会发展日新月异,经验世界中各种经验不断累积,如果脱离环境,切断身体与外部世界的互动,仅仅通过大脑汲取经验,学习到的内容必然是呆板的。教学要致力于促进学生的全身心认知,以全面、发展的眼光看待知识的获得。当前职业教育的内容大部分是与学生未来就业岗位、工作、学习相关的知识技能。职业教育将企业和学校、工作与学习联结到一起,这与普通教育有着明显的区别,职业教育发展需要寻找更适合自身特点、发展规律的新模式。具身教学本质是在已有经验的基础上,通过让学生身体参与到环境当中,获得经验,构筑意义,进而转化为行动作用于环境,形成良好的"知—行"循环的活动。

一、经验性与体验性

具身认知的核心特征是具身性。这一特征决定个体的认知过程依赖于身体的各种经验,不能脱离身体独立存在,通过身体进行感知是认知过程中必不可少的重要环节。具身教学是身体、心智与环境交互作用的教学方式,它关注认知个体与环境的身体交互性,注重个体在环境中的体验,并以此产生新的认知。身体在这个过程中不再只是意识的容器,而是认知的主体。在教学过程中可以尝试尽可能多地调动多种感官去感知事物,不局限于视觉和听觉这两种方式。学习是认知与实践结合的过程,实践把认知学习的内容情境化,使认知不只停留在抽象阶段。具身教学强调教师和学生身体是知觉的主体,在教学活动中发挥着重要作用。教师和学生通过视觉、触觉、味觉、嗅觉多种感官和肢体运动统一综合来获取信息,身心融合参与到课堂活动中,使自我与他人和环境进行互动,在实践活动中不断接触世界,通过动态的教学过程,使课堂更生动有趣。

二、情境性与生成性

具身认知学说认为,认知源于身体、身体运动和环境的交互作用。认知活动并不仅仅是大脑进行信息加工的过程,它离不开真实世界提供的丰富多变的情境。知识与环境是相互联系的。建构主义强调学习者的知识习得借助于特定情境下他人的帮助,通过利用有用信息以建构的方式获取。源于具身认知理论的教学是情境化的,它关注身体与认知之间的关系,重视教师和学生在情境中的参与。一方面,教学的情境化代表教学在情境中进行。教师和学生在情境中感知,通过情境获得身体经验,进而促进认知的不断发展。具身教学重视教学情境的创设,使师生在情境中获得身心体验。在教学设计中,情境设计需要能够激发学生主动探究的积极性。另一方面,知识在情境中被建构,知识是情境中的知识。立足于情境当中的知识,才是"活"的知识。每一个知识概念都会因为情境的变化而产生多样的含义,如果不借助具体的情境,也就无法对事物产生准确的理解。情境化在具身教学中是实现有效教学的重要方式。在教学设计中教师创建的情境应给予学生足够的自由和活动空间,同时要注意情境的多样性和现实性。

教学过程中课堂教学目标的预设和生成是对立统一体,课堂教学目标的预设是教师对教学结果的一种预期,是对教学成果的主观设定。预设性的教学目标对授课效果把握、教学活动完成有天然的优势,同时也存着明显的不足:忽视学习者的主观能动性,知识的传授源于教学者思想灌输,学习者在课堂中缺少自我感知及表达的机会。具身认知理论认为认知没有规则,没有结构,是一个随着时间变化而呈现动态发展的连续性过程。课堂教学过程中的生成对于学生学习具有重要作用,好的教学是由教师和学生在课堂这个特殊的环境中共创而成的,是一个充满生机与活力的经验交流活动。这里强调教学目标的生成并不代表教学目标完全自由、随意,而是强调教学目标的设定应该给予学生足够自由的空间,在既定的路径上,教师引导学生思考选择适合自己的方式融入课堂教学。这种生成知识经验的过程能更好地集思广益,也能够使学生的学习更加灵活深刻。

三、隐喻映射性

隐喻的本质是通过一个基本观念来了解另一个较为复杂的观念,构建源域与目标域之间的映射关系,用已知的结构和意义去构建和理解未知。具身认知理论认为身体的生理结构和各种感官的体验会影响认知的形成,人的思维是隐喻的,隐喻作为思维的重要方式直接参与到认知的过程中。

身体通过与环境的相互作用获得体验,认知主体根据知觉运动经验对客观物体和行为活动进行表征生成具体意义。具身性是隐喻意义的本质属性。隐喻是从源域到目标域的映射。源域来自身体的感知运动系统。借助我们的身体动作、知觉互动,隐喻认知不断重复呈现身体经验并构成经验格式塔。比如当看到一个物体向我们运动或者我们向某个物体运动时,通过视觉感知到动觉力量;当发生撞击时,通过听觉感知到动觉力量。日常经验的不断重复最终形成意象图式。概念之所以能够融入客观世界,离不开感知运动系统的帮助。隐喻映射的过程是具身经验图式映射到抽象概念结构的认知过程,意义获取的过程是经验图式具身化的过程。

具身性活动通过学生已有的生活经验、行为与认知之间的映射关系,把具体的概念原型映射到抽象的概念进行学习。在教学设计中,教师需要基于学生经验设置情境导入,设计与知识相映射的身体活动,学生通过完成与自己相关的任务获得对抽象概念的理解。

四、过程与场域的动态性

传统教学设计认为学习过程和学习结果是可预测的,并以此为依据进行分析、选择教学方法、实施教学,这一切都独立于实际教学,并要求教学过程按照规划进行,直至达到预期目标。在这个过程中,传统认知理论倾向于认为教学是一个线性的过程,教学过程中要尽可能减少不确定因素,尽可能不偏离预期计划。好的教学被定义为结构严谨的课程安排和教学程序。

具身认知理论认为,教学是一个随着时间变化而呈现为动态发展的连续过程。教育的目的是实现身心合一的人,教育是动态的、生成的,学生并不是陈旧知识的搬运工。教师要具备不同于传统教学的教学方法,要有一定的广度和综合性。具身认知的过程是通过大脑、身体与环境相互连接在一起,耦合或交互的自组织涌现与生成的过程。教学不是一个简单的观念循环,它是一个不断变化的动态过程。教学是教师和学生共同合作探究知识的过程,在这个过程中相互倾听、共同探索、发现问题,从而使教师和学生从中获得亲身的体验。

在教学过程中,教师和学生之间存在身体的场域。在身体场域内,教师和学生以身体作为主要的互动媒介,互动方式和模式有一定的逻辑和必然性。在合作开放的身体场域中,学生的身体不再是被压抑和惩罚的对象,反而成为学习的重要工具,也是教师教学的重要媒介。

五、自在性与多样性

裴斯泰洛齐认为,教育不仅仅是学习书本,还应该包括情感、智慧及身体各方面的发展。具身认知方式将客观经验转化为个体的本体性经验,将客观知识转化为个体身心活动状态。认知主体和环境的交互作用,有助于个体产生经验并内化知识。具身认知理论认为,在认知的过程中,个体总是积极主动与外界环境进行互动的。传统教育所提供的课堂环境体现出教条化、模式化、单一化等特点,课堂的本质仍然是以从教师到学生的信息传递为主,存在大量的单向式传授,学生缺乏自主性和选择性,学习者只能按照既定的模式完成对知识的认知。具身教育观下课堂教学不应该是寻求如何控制所发生的事情,而是如何有意识地促使各种可能性展现出来;教学设计的意义是怎样为更多的可能性做准备,而不仅仅是提供具体的操作步骤。得益于现代技术的发展,学生通过情境感知设备与情境相关群体能够更自然地互动、构建认知体系,通过多种方式,促进个体身体、心理与环境之间的交流互动。

第二节　具身教学的构成要素

知识学习的过程是一个活动的过程,并不是物物传递的过程。传统教学观认为教学只是客观知识传播的过程,不需要身体的参与,身体只是一个容器和运输工具,教学过程是心理层面上的抽象符号表征活动,和在计算机上输入、输出内容的过程相似。教师根据预设的教学方法向学生输入允许范围内的课程内容,学生在大脑中得到表征进行加工,最终通过相应的行为反应后,完成输出。教学通过预先设定的教学目标、内容、方法和教学过程,引导学习者被动进行信息的加工,达成预期的教学结果。对于教学来说,这种观念割裂大脑、身体和环境之间的关系,阻碍了教师对教学环节的创新和学生对知识意义的构建。

具身教学是建立在身体、环境和知识表达有机结合基础上的教学,强调身体在认知过程中的重要性,个体在展开认知时,身体、心智和环境缺一不可。对教学效果来讲,教学空间创造、教师和学生的身体准备都有非常重要的作用。构建合理的学习空间是师生发挥身体感知和在教学过程中实现具身的重要条件。教室不再只是容纳教师和学生的空间,而是重要的身体活动场所,不是束缚身体而是为身体提供服务的。具身教学同时强调身体在教学过程中的主体性,这里的身体不是指肉体的身体,而是强调个体是知觉的主体。对于学习者而言,身体的各部位在进行知识表达时可以发挥不同的作用,这也是学习者进行知识感悟的重要保证。具身教学关注学习环境、身体意识、人际互动三个要素中的具身特性。学习环境要素通过教室环境设计、提供学习资源,调动学生参与教学;学生在学习过程中身体的自由度和对环境的感知会影响学习的主观能动性,教师的肢体语言、教学风格、情绪表现会被学生有意无意地模仿,进而对学生理解并获取知识产生积极或消极的作用;教学过程中师生之间、学生之间的身体互动会因教学内容不同而有所区别。

一、学习环境:具身教学的基本要素

具身教学认为,学习环境是支持和促进学生自主学习的物理空间、活动空间和心理空间,学习环境要支持以学习为中心的学习方式,是促进学习者发展的各种支持性条件的统合。具身认知理论下的学习环境已经不再是传统的无生命的机械学习系统,而是一个有生命的有机系统。作为一个有机系统,具身型学习环境具有复杂性、多样性等特点。

1. 具身学习环境的复杂性

具身学习环境本质上是为促进学生发展而设计的动态生成变化的空间环境,在这个环境当中包含了活动、情境、资源、工具、同伴等多种要素,多种要素交互作用帮助学习者完成认知,也使得具身学习环境具备了复杂性的特征。

具身学习环境的复杂性体现在多个方面,首先体现在构成要素的复杂性。随着具身认知理论的发展,学习环境不再只局限在物理环境,还增加了资源支持环境和情感心理环境。学习资源、教学模式、认知工具、人际关系、学习氛围等因素已经逐渐成为构建学习环境的重要因素。具身学习环境具有动态生成性的特点,它并不是预先设立的,会随着教学活动的展开而不断变化,这造成了一定的不确定性,也增加了学习环境的复杂性。其次,构成学习环境的各要素之间的关系具有复杂性。具身学习环境是由多个有意义的要素共同作用而构成的,而多个要素的交互过程必然是复杂的。这里的复杂是指不仅一个要素可以与其他多个要素之间发生作用,要素组合之间的关系也是持续变化的,任何一组要素发生变化都会对其他多种要素组合产生影响。

2. 具身学习环境的多样性

具身认知理论认为,认知是一个身体、心理与环境持续交互的开放动态系统。具身学习环境因此具备多样性。具身学习环境的多样性,首先体现在学习资源的多样性上。飞速发展的现代技术给学习者的学习环境带来巨大变化,资源的多样性为身体、心理与环境之间的持续作用提供了源源不断的支撑。触控技术以及可穿戴设备等硬件技术的发展,为学生提供了可用于课堂的移动终端设备;现代无线的广泛覆盖,使课堂组织形式发生了改变,小组教学等多种教育形式不断推广;在线课程使学生课堂的空间范围得到延伸。具身学习环境的多样性还体现在问题设置的多样性上。具身认知理论认为认知是情境化的,问题设置的多样化可以给学习者更多的情境化感知。学习者可以从多个角度、多个层次去思考问题,充分利用学习资源、认知工具和活动情境,进行观察体验、对比分析、总结归纳,寻找解决方法,从而使身体、心理与外部环境产生持续交互。

二、身体意识:具身教学的主体要素

具身认知理论认为,认知是身体的认知,心智是身体的心智,离开了身体,认知和心智根本就不存在。身体在情绪、动机和认知过程中扮演着关键的角色。在教学过程中,教师和学生的身体不是无意义的存在,如果忽视了人的身体结构与行为,只看到精神活动,这时的人是不完整的。因此,教学的过程不只是教师与学生静坐、讲课、读书、思考的过程,需要教师与学生的身体活动参与到其中。

在课堂教学中,学生应当有一定的身体自由度,使身体的感觉运动器官能够参与到认知过程中并发挥作用。比如将固定桌椅改为可活动桌椅,将学生从过于限制身体的空间中释放出来,引导学生用手势等肢体语言辅助交流学习。这里的身体自由不是指学生随意活动,而是在教学目标引导之下,不违背正常教学秩序的前提下,为学生创设的有益的空间,以此提高学生参与学习的积极性。

在课堂教学中,教师的语言、肢体动作、表情、教学风格会影响学生对知识点的理解和掌握。教学中教师的语言可以与动作结合,学生的有意或者无意模拟以及身体反馈可以增进对知识点的理解。教学中常用的手势语言可以促进师生互动,击打、指示等手势用来强调语言重点,帮助学生理解语言的转折;指示性的手势在教师讲解的同时提示正在进行的内容,可以整合语言和视觉信息等。教师在课堂上的情绪表达可以给学生带来类似的情绪体验。教师在课堂上可以适当采用肯定的点头、鼓励的微笑等方式,给予学生明确的反馈;通过走下讲台,参与学生小组讨论等方式,加强与学生之间的交流互动。这些积极的情绪可以吸引学生的注意力,加深学生身体参与的程度。

三、人际互动:具身教学的保障要素

具身性的教学活动离不开与他人的合作,学习者与其他角色之间相互引领,共同在活动中完成认知。因此在进行教学活动设计时,教师创设氛围让学生产生学习共同体的感觉。

传统课堂教学以教师讲授为主,学生是知识的接收者,师生之间是知识传递的关系。这种教学方式强调学生的被动接收,忽视身体参与和教师与学生之间的互动,容易让学生感到疲惫枯燥,进而导致认知困难。具身教学以怎么教为核心,要求教学内容的呈现应体现试听通道交流和师生身体互动。每一位学生都是有独立思想的个体,具身教学中学生具有一定程度的身体自由度,在教学过程中,学生往往会根据自己以往的经验去构建认知过程,这也使得教学内容呈现更多的主观性。不同的学生有着不同的经验、情感、兴趣等,这使得认知产生不确定性。在具身教学中,教师和学生之间是平等的对话,基于生活经验、思维方式等方面存在差异,在对话交流中可以产生思想、观点的碰撞冲突,生成新的认知。教师作为教学活动的促进者,要发挥辅助学生学习的作用,在教学设计中可以采用包括身体示范、多媒体展示等多种方式,刺激学生采用预期的身体行动。

第三节　具身教学改革策略

具身认知理论认为人的身体不仅是生理意义上的肉体,在认知过程中也有着重要的作用。将具身认知理论引入教育学领域,解决教学方式变革的问题是十分有意义的。基于具身认知理论的教学方式变革探讨是当前教学过程中需要关注的重点,在教学中重视并发挥身体的重要作用对促进教学方式变革有重要意义。

一、具身课堂教学改革方案

具身认知产生人对环境的感知、交融,这里的环境可以是真实的环境也可以是再现情境,或者是通过语词构建的虚拟情境。在这个过程中产生的感受、感悟,帮助我们提升对信息感知的体验和加工。在教学中,教师应根据教学内容,创设多种情境,使学生能够更好地在情境中感知感悟,产生能够身心融入的具身学习。通过具身认知把身体引入到教学过程

中,用身体感知,用身体思考,用身体来行动,这对现代教学有重要的意义。

具身认知对课堂教学改革具有以下启示:

1. 教师应提高对具身性学习活动设计的系统认知,养成具身化的教学思维方式

教师在长期的教学工作中会逐渐形成对教学的现象、实践等问题稳定的认知,这些认知构成了教师的教学思维方式,它体现了教师面对教学问题时的一般的思维方式。在实际的教学过程中,很多教师授课重点在于如何顺利完成教学任务、实现预期教学目标,对于学习活动各要素具身特征的体现、学生在课程中的身体感知等并未思考关注。

教学方式的改变离不开思维方式的改变。教师在教学过程中应当重视身体的作用,身体是具身活动的基础,具有主体性和活动能力。学生的认知离不开身体和环境的互动,具身里的身体不仅是指生物学上的肉体,还包含学生的经验、动作和情绪体验。

教师教学思维方式的转变需要重视学生的身体自由,解放学生身体。传统的教学观念关注教学成果,忽视学生的能动参与,教学过程是灌输式的,学生的身体自由被压抑,教学是僵硬呆板的。具身教学要求教师意识到学生是一个独立的个体,重视学生心智与身体在教学中相辅相成的重要作用。在课堂教学中多肢体互动,多感官刺激,解放学生的身体和大脑。

2. 教师在教学实践中应采用具身性教学行为方式

教学改革的核心在于教师能否将理论应用于教学活动实践,做到行为的改变。教师需要通过不断地实践,反思、提升教学行为。在教学设计时,教师应当对教材内容进行全面分析,增加具身活动内容,通过创设情境调动学生知情意行全方位参与到课堂互动中,打造合理教学空间。这里的教学空间不仅包含物理空间,也包含学生心理准备。合理安排教室空间的匹配与课程相关的影音等教学资源,同时适当引入家庭和社会资源,延伸课堂空间范围。营造良好的教学氛围,学生能够与老师平等对话交往,增进学生课堂体验。增加学生亲身体验活动,解放学生身体,从而使学生获得更丰富的课堂体验。在教学过程中,强调生成性教学。生成性教学中可以根据预设的教学目标不断调整教学过程,学生在课堂中处于不断变化的过程,教学内容也不局限于教材资料,可以大范围地涵盖学生需要和感兴趣的知识。教师在这个过程中需要动态设置学习目标,在关注学生发展的同时也要根据当前发展情况及时调整教学目标;在课程中应注意理论和实践的统一,做到贴合教学目标的发散,不能漫无目的;重视学生在这个过程中的主体性地位,使学生能够通过参与各种类型的互动,主动感知和生成经验。在教学过程中要注意教学做合一,不断反思总结。教学活动是教师的教和学生的学综合作用的过程,教师和学生在教学过程中通过身体活动和实践展开认识,通过亲身体会感知知识,能够更好地促进学生能力的发展。

二、学习活动的开展:从接受式学习到体验式学习的升级

传统的教育观念认为教学就是将理论知识传授给学生,是一个单纯的讲授与接收的过程。在这个过程中,学生只调动大脑即可完成学习,这种学生又被称为"脖子上的学习"。在接收学习认知观及其理论中,知识是一种客观的存在,学习主体变化不影响知识的接受效果。知识是客观存在的,不以人的意志为转移,稳定而不会发生变化,学习者不参与知识的创造,只需要被动接受。在教学过程中,教师根据教材设定,将固有的知识内容传输给学生,学生通过记忆和练习将知识内化即可。在这个过程中,具身的环节缺失,学生的学习就是信息的输入保存和输出的过程。学生在这个过程中像一个信息接收机器,没有具身参与,这也

导致很多学生因为在这个过程中感受不到学习的快乐,从而对学习逐渐丧失兴趣。

具身教学理论认为,教学应该在信息的输入保存和输出的过程中,增加或延长体验环节,通过学习者听、看、触、闻等身体体验,真正感知、觉察知识,教师要增加教学过程的体验性。在体验教学过程中,教师和学生处于一个自由、开放的环境,师生亲自参与并全身心投入教学过程,在交往互动中进行认知。在常规教学实践中,应该尝试从接受式到体验式教学的转变,充分调动学生身体参加课堂活动。在这个过程中需要遵循两个基本原则:① 感知的具体化。将抽象的、概念化的知识转换为具体的感性认知。② 可操作的行为指令。将具体化的感性认知进行动作指令编码,使其具有可操作性。在教师演示操作后,学生能够模仿重复。如实物类感知,教师对物体空间位置的摆放等进行预设,学生通过对事物的动作产生具身感受;事件重现类的感知,教师可以通过视频、多媒体演示、情景模拟再现的方式让学生进行感知体验。

三、教学活动的开展:从情境构建到情境交互

具身理论认为教学环境对学生认知有重要的影响,认知的产生来源于身体的物理属性,身体在特定情境下与情境互动生成认知。具身认知理论不仅重视人的身体,还重视身体与环境之间的相互作用。

情境本身是一个广义的范围,不仅包含物理情境、心理情境,还包含人际情境以及文化制度构成的人文情境。这些情境综合组成了影响个体认知的外部环境,对认知的方向和结果产生影响。教师在教学过程中要根据教学内容准备教学情境,当客观环境条件不具备时,可以进行环境创设。

情境教学丰富了个体的学习体验,为体验式学习创造了条件,具身认知理论为情境教学提供了理论依据。结合具身教学效应的不同类型,在教学过程中可以采用多种具身类型有机结合的方式配合语言描述,丰富学习者的具身体验。比如在进行虚拟情境教学时,教师在进行情境再现展示时结合语言进行描绘,教师语言描述越具体生动,越能更好地强化具身效应。在这个过程中,教师实现了教学方式的转变,学生则置身于生动的学习环境中,激发具身效应。

第四节 具身教学范式构建

具身认知观点的产生促使人们反思课程教学的本质。与具身观点对比,传统课程中承载的信息内容都属于离身性的知识,这些信息并不能帮助学习者深入了解知识概念,是一种封闭静止的教学模式。课程的展开应该是一个探究事物的过程,而不是一个传递已知知识的过程。通过具身课程与具身学习,让学习实现具身,使学习者获得良好的具身学习体验。

一、具身教学的基本特征

传统认知理论认为,课程教学应具备有组织的学习内容、固定的学习计划、说教型的教学方法以及预设的教学结果等几方面内容,这些可以帮助学习者理解知识概念。传统课程教学因此产生了课程教材固定化、课堂教学模式化、教学程序机械化等特点,这种课程观念割裂了学生和客观环境之间的联系,使得学生对学习缺乏深层认知,成为被动接受学习。要改变这一现状,必然需要在课程中实现学习者身体对外界环境的认知,将更多鲜活的感知体

验引入课堂及教学内容中,课程关注的焦点应从封闭的知识体系拓展到学习主体对知识客体储蓄丰富的经验以及两者之间的双向构建与协商。

在具身性课堂教学中,教师在进行教学设计时采用身体思维方式,让学生在学习的过程中借助身体的感知、想象、思考和行动掌握课程内容。具身型课堂教学是真正意义上的主体性教学。具身教学具有以下基本特征:

1. 学习过程中的身体自由

在具身课堂教学中,学生的身体有一定的自由度,在认知过程中身体得到尊重和重视,这是具身性课堂教学的一个特征。身体自由的学习状态表现在以下几个方面:第一,在学习过程中,学生的身体感知学习不会受到不必要的约束限制。学生可以根据自己的学习需要选择合适的情境去感知、实践和体验,从而能够从更深层次理解概念知识。第二,在学习过程中,学生自由选择身体状态。学生可以自由决定身体的姿势、位置等,将身体视为管控对象的课堂是用脑部学习的课堂,会限制学生思想的自由,学生在身体自由的情况下才能更好地学习。第三,在身体自由的学习状态中,教师需要为身体认知提供必要的支持,帮助学生发挥身体的认知作用。比如,学习时间与休息时间的合理安排,课上给予学生一定自由活动的空间等。需要注意的是,学习状态中的身体自由不意味着完全放任学生、视课堂纪律形同虚设,这里的身体自由是建立在规矩中的自由。

2. 学习活动的身体参与

对具身性课堂而言,丰富的学习情境、多样的活动设置是教学成功的重要因素,也是具身性课堂的重要特征。身体的活动是学生学习的重要方式,也是培养实践能力的重要方式。在具身性课堂中,身体的多感官得到运用,学生通过视觉、听觉、触觉、嗅觉等多种方式进行感知学习,进而在知情统一的基础上促进认知全面发展。

3. 创设情境促进身、情、境的融合感知

创设情境是课堂教学必不可少的环节,脱离情境的课堂是脱离生活世界的。对于每一位教师来说,创设良好的情境是一堂好课的基础。在进行情境创设时,通常会借助视频、音频、课件、实物等方式,尽可能为学生创设一个好的学习情境。除此之外,身体也是创设情境的重要工具,身体的真实化、个性化、操作性使得情境更富有感染力和生动性。身体、环境、情感的相互融合,使学生在具体情境中思考、在体验中学习,使得教学过程更富有生命力。

4. 动态的学习空间

具身教学理论强调学习空间的动态性,学生在动态的学习环境中,充分发挥个人的主观能动性,快乐学习。班级授课制的课堂组织形式中,学习空间的布局影响班级教学的氛围和效果。传统教学课堂布局中,讲台位于教室前方,学生桌椅面对讲台按排整齐摆放,课堂中不允许学生随意走动和交谈,这是典型的权威和固定式的课堂。具身课堂中学生的学习空间是动态的,学生桌椅根据课程需要进行布局,从而构成动态的学习空间和学习氛围。

5. 师生互动的平等性和协作性

现代教学观认为,教师和学生在课堂学习中是地位平等的合作者,教师是学生学习的引导者,并不是单纯的知识权威。课堂教学中一直存在的身体场域,在传统教学中并没有得到人们的重视。具身教学理论认为身体场域有两方面的特点:第一,身体由对抗制约走向合作开放。传统教学课堂中,教师和学生的地位是不平等的,教师的地位是高高在上的,对学生的身体进行压制和管理,不允许跃出边界,教师和学生之间存在差距。教师和学生之间的身体交流大多是带警示惩罚意味的。在具身教学课堂中,教师和学生的身体场域是敞开与合作的,教师不再限制学生的身体自由,身体成为学生认知学习的重要工具。第二,教师和学生之间存在身体的充分交流和互动。身体可以帮助学生进行知识的感知,同时也与认知情感等有重要关系。在具身课堂教学中,教师通过手势、表情等肢体语言,给予学生认可、鼓励等积极性的评价结果,使学生在具身学习中产生学习的动力,帮助学生更好地完成课堂学习。

6. 以身体表现和行为为目标的学习评价

以学生的身体和行为的观察对学生的学习进行评价是具身性课堂学习的重要评价方式。职业教育评价要关注评价对象在一定时间内的进步幅度,要关注学生学业成就的增加值和净效应。课堂教学中,学生身体的表现和行为能够真实反映学生的学习状态以及学习内容的掌握程度,这是非常有效的评价方式。评价要考察学生的综合素质,而不只是学业成绩;要针对学生个体发展差异,有针对性地提供个性化的评价方案,关注学生发展的独特性,给予积极评价以鼓励学生;评价不局限于认知层面,应在行为层面进行考查。

二、具身教学的课程体系构建

具身教学观念的兴起,为教育教学改革注入新的元素,随着具身教学理论被越来越多的教育者认可与应用,具身教学课程体系也在逐渐完善。

1. 明确体验式教学理念

具身教学认为身体在课堂教学中起到不可或缺的作用,一切学习到的知识只是来源于身体对世界的经验。在课堂教学中,教师应当重视身体对教学成果的影响,树立具身认知的学习观;在教学活动中增加身体参与和体验环节,引导学生调动多感官参与到学习中去。

重视学生在教学过程中的主体地位。教学中的教是为学生而教,教学中的学也是学生的学。因此在教学活动中,学生才是活动的主体。应以学生为本,把课堂还给学生,在教学活动中把学生的发展放在首位。课堂教学应以动态、生成教学理念为指导,引导学生在学习过程中健康成长。

2. 树立全面发展的教学目标

设计教学目标要合理认识预设和生成之间的关系。教师在进行教学设计时提前预设教学目标,有利于课堂教学有序进行,提高课堂效率。但在教学过程中,也经常会出现过分强调预设教学目标重要性的情况,忽视了学生的独特性和个性化体验。具身认知理论认为教学是学生开放式体验的过程,教学目标需要预设,也要根据课堂中生成问题适当进行调整。

个体发展可以体现在心理和行动两个方面,其中心理发展包含认知发展、情感发展、思维发展,行动发展主要体现为行为发展和表现发展。具身教学认为在设定教学目标时,情感获得、思维培养、行为指导和知识获得同样重要。只有通过身体亲自、主动地经历学习过程,才能获得丰富的精神世界、完善的行为指导。

3. 注重知行合一的教学方法

在课堂教学过程中,因为受到空间局限和系统学习的需要,许多知识需要通过教师的讲授去呈现。课堂当中的讲授不是单纯的教师讲、学生听,而是需要调动学生身心共同参与教学。当前的学校教学主要是在教室当中进行,在受局限的空间中感官认知也是受限的,课程教学中可以利用语言、图片、视频等手段实现情境再现。苏霍姆林斯基说过,让学生在亲身参与中体验到掌握知识的情感,是唤起少年对知识兴趣的重要条件。通过创设合适的情境可以充分调动学生的认知体验,使学生在体验、感悟中获得知识,体验知识的内在情感。

4. 教学环境的多元化

教学环境以有形和无形的方式影响教学质量,促进学习者身体、心理和环境之间交流互动。教学环境由物理环境和文化环境两方面构成。物理环境包含自然环境、教学设施等影响教学进行的物质基础和条件。随着数字化时代的到来,互联网技术逐渐应用到教学当中,通过虚拟和现实结合技术,使得教学环境更加开放,丰富了教学的认知过程。文化环境包括班级文化和校园文化,通过无形的方式潜移默化影响具身认知教学的效果。

5. 教学评价方式注重身心结合

传统的教学评价方式过于单一,教育评价以学生的纸笔考试结果为依据,注重知识评价、结果评价和他人评价,并不能反映师生的总体水平。具身认知教学理论强调评价要从身体和心理两个方面进行,涵盖情感、价值观等方面,坚持身心一致的原则,促进学生的全面发展。

三、具身教学的课程环境设计

具身理论认为教学环境与学生的认知过程密切相关。在课堂教学中,教师创设的开放、轻松、包容的环境,可以使学生更好地发挥身体意识,使学生的身体和心智在教学过程中相互促进、紧密联系,实现人的心智、身体与环境的共生。在具身化的教学环境中,教师首先要认可学生身体的存在,关注学生的行为;其次应创设开放的学习环境,创设满足学生身体自由行动的空间。

教师应该充分调动各种资源创设情境,强化具身体验。首先,教学环境设计要了解学生身体感官的优势与极限,关注学生的活动方式。比如,教学环境布置可以根据学生的听觉、视觉的特点设置教室内的物体的颜色、声音等,选择适合教学的教学设施、教学媒体、教学工具、教学资源等。其次,在进行教学环境设计时,教师要时刻关注内部心理环境和教学氛围创设。在教学中可以通过谈话、小组讨论的方式了解学生的感受和想法,及时答疑解惑,引导学生思考。同时,应创设和谐融洽的教学氛围促进教学活动的开展,通过运用语言、动作等创设良好的教学环境,让学生能够在轻松的情境中获得体验。最后,教师在设计教学环境时可以借助现代智能技术,为学生打造虚实融合、直观生动的学习环境。如通过移动技术和传感技术,连接身体活动与抽象概念间的物理空间;通过虚拟现实技术构建沉浸式学习环境,使学生感受人与环境的动态交互;通过虚拟现实技术构建实现虚拟与现实混合空间,使学生能够产生多通道感知。

四、具身教学的课程内容设计

具身教学认为,教学的本质是知识生成的过程,让教学变得丰富而富有创造性。学习者的身体、肢体等对个体的认知提供了更多可能,在进行教学内容设计时要充分考虑学生因素,让学生能够在环境中积极参与互动,与同伴积极协作完成对知识的意义建构和理解。教师在进行课程内容设计时,要充分考虑如何促进学生深度学习,加深对知识的理解等方面。

由于不同学科内容之间存在具身体征的差异,同一学科不同知识所具有的具身特征也会有所不同。教师在进行课程内容设计时,要根据具体的学习内容考虑是否能够进行具身性设计,而不是没有对内容进行分析就盲目采用具身教学。目前的课堂学习主要是围绕知识内容进行课程设计组织学习,为知识的学习过程加入具身元素,就可以让知识活起来。目前的课程体系当中，不是所有的课程都可以直接进行具身设计教学，教师需要通过对学习内容的具身特征进行分析，从而设计适合的具身环境。

一些课程本身包含有身体的内在性活动，比如需要训练获取认知的课程和通用技术课程，课程内容需要通过身体的行动和操控来完成，通过对身体的关注来获取认知，课程本身就是具身课程模式。一些课程本身有社会基础的课堂教学，这类课程通常属于社会科学类课程。可以进行半结构化的课堂表演，在社会科学和咨询类课程中使用，如到博物馆、展览馆等收集资料展开社会调查等。最后一类课程本身带有隐含的空间特质，包含基于空间主题的学科，这类课程需要教师本身具有足够的知识储备，学习者在学习过程中通过虚拟现实结合等方式进行课程学习。由于具身认知的逐渐发展成熟，使得教师今后进行学习内容的设计时有了新的思维视角，在合适的时候对教学内容进行具身性设计。

第五节 具身教学的案例分析

一、电子类专业平台课程具身教学案例分析

高职应用电子技术专业主要研究智能电子产品的装配、调试、检测、维修、生产管理与售后服务等方面的知识技能，其专业基础课程主要包括：模拟电子技术、数字电子技术和电工基础等。

所有应用电子、电子信息、通信技术等专业的学生都深有体会，模拟电子技术作为这类专业的公共基础课，是其中最难学的课程。而课程本身，由于具备承上启下的作用，故在所有专业的课程体系中占据重要地位。它不如数字电子技术容易理解，又比电工基础抽象，因此，要求初学者具备一定的想象力和分析力。然而，高职类学生普遍缺乏空间想象力和逻辑分析能力，这就给课程实施教学带来困难。

目前，很多学校也针对这门课程进行了改革，最具代表性的就是采用项目教学法：根据本专业的市场需求和科技发展，将学生之前所学课程知识进行目的性糅合，兼顾学生的情感与创新能力培养，生成不同项目，项目间按照递进、循环上升式关系进行先后教学。项目教学法，可以模拟学生在工作岗位上的一个或一组任务，让学生在老师的带领下亲历实际问题，在一定程度上确实消除了学生的畏难情绪。然而，随着信息技术的发展，如何最大限度地将虚拟技术与真实情境相融合，通过学习活动产生身体的知觉，激发学习者的参与度、生成度和交互度，也就是将具身教学与项目教学相结合，达到改变认知目的课题已逐渐被提上日程。

我们以南京高等职业技术学校为例，选取电气自动化专业一个班级的学生作为研究对象，共33名学生，平均年龄为18岁，按照机遇原则进行随机分组，采用具身教学与项目教学相结合的方法进行认知学习。

1. 具身教学设计

具身教学给教师教学提供了新的设计思路和角度，要求教学不仅注重学习环境建设，还要根据电子类专业特点选择适合的学习内容进行教学设计。从之前的描述我们可以发现，基于具身理论的教学设计要素包括学习环境、身体感知、人与人以及人与环境的互动等。

选自江苏教育出版社2012年出版的由吴建宁主编的"十二五"职业教育国家规划教材、示范学校重点建设专业系列教材《模拟电子技术》（电类专业通用）中的"项目一制作与调试

简单直流稳压电源",讲述简单直流稳压电源的制作过程及调试方法。

(1) 创设情境

直流稳压电源与我们的日常生活紧密相连,如手机维修供电、风光互补发电、汽车配件、各工控生成线等的直流供电。学生通常会注意到蓄电池、家用交流电源,但对于直流稳压电源没有具体认识。教学从学生的认知规律和兴趣出发,首先播放一段家电维修时使用直流稳压电源供电的视频,明确该设备的功能,抛出设计任务:在与某电子企业合作中,生产部接到企业的订单,要求生产一批直流稳压电源,从而引出本次项目的课题。

体验式学习活动设计,提升与环境的交互:按照无线电调试工的岗位要求,让学生身着工作服进入 SMT 生产车间,车间周围张贴 6S 管理标语和安全教育条款。学生置身该环境中,其大脑、身体与周围环境构成一个交互式系统,通过身体感官全方位的感知体验,进一步提升教学效果。学生就座于工位后,以小组探究的方式完成直流稳压电源的拆卸,形成与环境和物的交互,了解直流稳压电源的组成,对其进行模块划分。

(2) 原理认知

直流稳压电源是一种将 220 V 交流电变换成稳定直流电压输出的装置,它主要由变压、整流、滤波和稳压四个部分组成。变压一般是降压变压器,需要根据稳压部分的输入电压范围来选择,它的主要功能是将 220 V 的交流电转化为合适的低压交流电,输送给后面的整流电路。整流电路主要将降压后的低压交流电变换成脉动的直流电,但由于此信号中仍含有较多的交流成分,所以不能直接作为用户的供电电源,需要经过滤波电路的滤波。滤波电路的作用是在保留前级输出电压中直流成分的基础上,滤除其交流成分,从而得到比较平滑的也就是脉动的直流电。最后,经过稳压电路,得到在电网电压发生波动和负载电流发生变换的情况下,仍能保持稳定输出的直流电压,供用户使用。

体验式学习活动设计,提升与直流稳压电源的交互。根据四个部分的输出波形特点,具体实施时,教师可在室内提供弧度各异的各色圆弧、水平横杆若干。让学生以小组为单位,以室内某一高度的水平线为横坐标,通过不同实物的组合和生生间合作模拟 220 V 交流电经过这四个部分后的输出波形。如,变压后的正弦波,可以由 4 位学生分别手持 4 个圆弧,在水平线上、下方,依次搭建 2 个周期的电压正半周波形和负半周波形。同样的方法,搭建整流后的波形,此时可为引出第一个任务而做铺垫。由于整流可以根据电路类型的不同而输出半波或全波,搭建滤波后的波形时,要选弧度较小的圆弧搭建脉动的直流电,稳压后可由 1~2 位学生搭建输出近似为直线的直流电。

这种在课程中创设真实而有意义的与直流稳压电路交互式学习的情境,让学生通过挑选不同道具在情境中与直流稳压电源的组合模块进行交互,了解其组成及原理;通过各部分电路输出模型的搭建,使学生沉浸在真实而生动的情境中,有助于提升他们的学习专注力,促使他们以主动的姿态与学习任务进行交互,进一步提升课堂教学的质量。

(3) 装配调试

电子电路如果直接进行装配,哪怕是用 PCB 板,也不能避免学生焊接时的错误。所以在装配前,让学生利用模拟仿真软件识别器件的三维模型,每个模型都关联具体的学习知识(如器件的类型、功能、符号等)和相关需要弄懂的问题以帮助学生进行探究学习的模拟活动。如整流二极管的符号、单向导电的特性以及它的检测方法。学生还可以通过观看相关焊接演示视频和模拟仿真练习,全身心投入课堂,利用虚拟仿真软件,使身体与所学知识相结合。不但可以更好地养成规范操作的行为习惯,有效降低真实安装过程中的错误率;还可以更深入地学习,创造性地总结出电路安装的步骤和不同器件安装的方法,整体学习气氛热烈。

模拟仿真软件帮助学生将抽象的半导体器件及电路装配过程转换为可供自身判断与观察的虚拟模型,加深了学生与虚拟电路的交互。这一过程,使得学生对模拟电子技术里主要半导体器件抽象、微观的知识点有了更加形象的接触和理解,为他们自身电子技术知识体系的构建打下基础。

总结出安装步骤后,进入实际操作环节。各小组经过讨论,有的选择各自独立装配,有的选择合作分工流水线作业的形式,完成从元器件清点、检测、成型、装配和调试的步骤,在实践过程中,遇到问题时,可以通过仿真软件中的问题集查找,可以小组讨论,当二者都不能解决时,可现场求助项目负责人——教师。最终以小组为单位进行电路安装后的成果评价,选择与企业生产方式接轨流水线安装的小组成果明显优于独立装配的小组,充分体现了团队分工协作在生产过程中的重要性。

这种将课堂焊接电路板向真实车间加工电路板转变的过程,体现了具身教学的真情实感,它对学生的学习起到了高度有效的作用。电路装配的高级目标,是让学生能够有内心自发产生对岗位技术的兴趣探索与热爱,而离身教学没有尊重学生的学习经验,将前人总结好的经验或理论直接传递给学生,忽视了学生的情感,使得学生能够共情的时间不长甚至没有,是不利于专业课程教学的。开放性的装配方式PK,对学生养成灵活和发散思维等方面有十分重要的助推作用。在"由低到高、由小到大"的装配原则指引下,学生全身心投入生产,有助于提升及时发现问题、不断创新工作方法的能力。

(4) 故障维修

故障检修一直被公认为无线电调试岗位中的难点问题,传统项目法教学往往会利用仿真软件,不断让学生模拟电路工作原理,通过观看教师录制的微课视频,不断熟悉常见电路故障的现象和排故方法,而后通过实践来检验学习情况。这种方法在降低实训成本、提升故障排查效率方面确实有一定效果,然而,学生在此环境下,仍然是在前人总结方法的基础上被动式学习,自我探索的空间较小,难以长远深入共情。在具身理念下,可以让学生根据各组电路调试的结果,进行数据的比对、现象的研判,再通过仿真软件模拟故障现象、分析故障可能出现的位置,结合小组测试结果判断故障点,并在组长的组织下,搜集该款电路不同故障的现象及排故方法,汇编成"故障宝典"。这样,对于故障的认知,从原来的被动式学习或观看,到主动式搜集、制作故障排除指南、走近故障、感受故障,促进认知之物理、生理与心理过程的耦合循环,有助于学习者身体、心灵及学习环境之间的相互建构。

最后,教师带领大家进入趣味翻牌游戏的故障检测环节。经过之前故障现象的搜集和整理,大部分同学均可独立分析并完成排故,有困难的同学可通过排故仿真软件及微课视频指引攻克学习难点。

(5) 总结提升

排故完成后,小组合作,通过不同角色扮演,如组员可以分别扮演直流稳压电源四个主要模块,通过肢体语言,模仿信号通过时的波形和各自的功能,甚至可以是在故障情况下输出波形异常的情况。教师适时引导学生畅谈项目实施以来的感受,包括感知体验、问题回顾、学习反馈、参与心情、新知收获、相互表现等,为甄别具身教学带来的教学反馈做好材料搜集工作。学生则通过畅谈,进一步梳理常见故障,总结排故技巧,为课后排故流程图的绘制做好铺垫。

2. 问卷分析

课后,对这 33 名学生发放电子问卷(见附录),回收 33 份,且均为有效卷,将所有学生的问卷答案进行汇总、分类和统计,根据量化评分结果,可以推导出以下几个方面的结论。

(1) 提升了学生的空间想象力与逻辑分析能力

学生对于知识点的掌握情况如表 4-1 所示。

表 4-1 知识点掌握情况

数据统计	题号				
	1	2	3	4	5
均分	1.38	1.66	0.89	1.49	1.43
标准差	0.51	0.48	0.87	0.76	0.72
类别	安装步骤	电路组成	排故方法	工作原理	输出波形

从表 4-1 可以看出,第 2 题的答题标准差最小,均分也最高,说明全体学生掌握本题的情况最好。学生掌握了直流稳压电源电路的组成,对其各部分电路模块的认知能从抽象到具体。同时看到,排故方法的得分最低,均分只有 0.89,标准差也最高,达到 0.87,可以判断学生整体排故能力离散程度还比较高,说明学生对排故掌握的情况不均衡。安装步骤题无论从问卷得分还是学生的课堂表现都可以发现,学生已较好地掌握了直流稳压电源元器件的安装顺序,在电路工作原理和输出波形的描述上,表现了较高的知识点迁移水平,但工作原理的描述方面,学生之间的差异还比较大。

(2) 提高了学生的学习热情和对课堂的认同感

学生对于具身学习活动的内容进行感知性评价,按照他们措辞的内容,如:非常新奇、很喜欢这种学习方式、很感兴趣、比纯理论上课有兴趣、喜欢这些活动、希望以后课上还会有,可以将其表现的情感划分为 4 个等级,分别是:热情度很高、热情度较高、热情度一般和没有关注。根据学生 5 个具身学习活动的内容给予赋值,如表 4-2 所示。从表中分析可以看出,学生参与具身学习活动的热情度都很高,对课堂具身学习活动的开展都表现了积极的支持和期待的态度,学习专业难点知识的兴趣和乐趣都得到了明显提升。翻牌游戏和模块扮演分别有 3.85% 和 2.28% 的同学给出热情度一般的选择,回顾课堂活动发现,因为有时间限制,有个别同学没能来及完成。有部分同学认为波形搭建可能有点不太好玩,建议更换更好玩的活动,切实提升道具的形象性和功能性。

表 4-2 具身学习活动学生评价

评价等级	活动(%)				
	电源拆卸	波形搭建	视频观看	翻牌游戏	模块扮演
3(热情度很高)	92.03	87.26	91.67	88.23	91.41
2(热情度较高)	7.97	12.74	8.33	7.92	6.31
1(热情度一般)	0	0	0	0	2.28
0(没有关注)	0	0	0	3.85	0

调查还发现,学生对身体参与课堂的认同度普遍很高,绝大部分学生对电路"工作原理"和"排故方法"印象深刻。这两个知识点分别是通过"波形搭建"和"模块扮演"实施的,而这两项活动对身体要求的参与度均高于其他体验活动,可见,全身心投入的具身学习活动容易给学习者留下深刻印象。

在故障排除环节,点击直接查找答案的学生只占 3.85%,课后究其原因,是因为想较早排除故障,拟得高分。96.15%的学生对新知获取的过程有一个清晰的认识,他们认同在教师引领、情境导入的基础上,以小组为单位展开讨论;通过观看视频、仿真模拟故障现象,进行新知的迁移。课堂活动参与度的提高,显示了学生对具身教学活动的积极认同。

从学生课后的项目总结中不难看出,他们觉得如果能清晰分解出直流稳压电源的各部分模块,就可以将复杂问题简单化。还有同学表示,翻盘游戏跟侦探推理有点类似,很有意思。有的同学总以为稳压电源离自己很远,没有想到其实很接近,比如电瓶车、手机等的充电器、电脑的电源适配器,等等。可见,学生对所学知识关联度的迁移能力也有所提升。

3. 具身教学对新知掌握程度的影响

从以上分析结果可以发现,情境导入有助于学生身临其境,体会岗位工作要求,增加身体的代入感,拆卸实物使身体与物体直接零距离接触,有助于学生对新知产生兴趣,增加其理解抽象概念的概率;波形搭建将体育活动融入专业教学,对理解直流稳压电源的工作原理这一抽象知识点有很大帮助,也对知识点关联的迁移能力提升有所促进;视频的观看有助于学生从中获取安装方法与步骤,从而提升其对于新知获取的策略与技巧;翻牌游戏和模块扮演有助于培养学生的发散思维,可以将排故方法与步骤同生活中的案例相联系,为后期复杂电路排故打下基础。当然,也有个别学生对待活动不是太认真,关注结果重于过程,使得具身活动调研的数据不够完整,从而影响评价结果。

美国具身认知领域著名专家多尔·亚伯拉罕森认为,具身认知理论应用在教学中,可以分为基于感知的设计和基于动作的设计两种类型。所以,具身教学活动,应包含教学环境和基于内容的教学情境,如果能二者合一,则学习者身临其境具身活动的效果会更好。所以,本案例在授课前,就将上课地点定在 SMT 实训车间,并提前制作基于感知的视频资料对获取新知策略和技巧的构筑有良好效果,而基于动作的具身活动(拆电路、搭建波形、翻牌等)设计,也在提升学生将抽象问题具象化,具象问题迁移等方面有积极的意义。目前,高职的专业课均提倡模块化教学,设计恰当的、易于开展具身活动的项目任务,会使教学效果更好。

多媒体、VR 可以为学生提供更多调动身体感官的机会,本案例通过波形搭建、排故手册编写、翻牌等教学环境构建,同时在教师引导下,学生进行探究式实践,可以使学生的认知过程更加高效。学习活动不仅仅是学生大脑的活动,还需要身体的协调和配合,当大脑和身心感官同时达到平衡时,其合力就会使学习者的兴趣和乐趣达到最佳状态,使求知与想象达到最佳匹配。本次案例研究表明,生生互动与师生互动是学习者认同度最高的,达到 90%以上;课堂活动氛围热烈,可以使学生的学习热情明显提高,也就是教学环境的精心设计和选择会有效促进学生的学习效率。

很多研究者发现,具身认知是人脑、身体和与环境交互的产物。因此,身心愉悦的学习环境,有利于提升大脑的认知能力。本案例中,首先对教学环境进行了选择和布置,结合任务,设计了装配调试车间,同时学生和教师均身着工作服,使学生在进入室内后其生理与心理就可以最大限度地感受一名无线电调试工的活动需要,再通过教学实施过程中的具身活动,使得多方作用产生的合力能在学习者身上获得最佳学习效果。

二、通信技术专业具身教学案例分析

《通信原理》(第3版)(周炯槃等,北京邮电大学出版社2008年版)一书中,曾言:"通信乃是互通信息。"可见,通信的目的就是让人们不受时间和地点的限制,可以随时随地互通信息。而要实现这个目的,离不开通信技术,它可以通过电磁波、声波或光波等形式把有用信息从发送端传输到接收端,按其传输途径,可以分为有线通信和无线通信,可见通信技术的内容之庞大、技术之复杂,因此,要想学好这门专业,需要学习者全身心投入。

我们以"通信技术及应用"这门课为例,该课程主要介绍通信系统的概念、分类、技术特点、基本原理及其主要应用。它的前导课程为单片机应用技术、线务工程技术,后续课程为光传输PTN技术综合课程、光宽带接入网技术综合课程等,可见该课程在通信技术专业的课程体系中,有承上启下的重要作用。

为了更好地将通信技术学习与具身学习相融合,让学生针对知识和技能的学习回归于社会实践,同时立足培养大国工匠、建设网络强国的重要思想,需要对其进行进一步开发。

1. 课程设计

(1) 情境方面

具身教学理念的融入,真实情境设计十分重要。因此,首先根据课程地位、课程内容和学习进程,将课程进行整合,生成数字手机语音通话应用系统搭建、偏远地区分支机构无线接入系统搭建、基于无线城域网的蔬菜大棚自动管理应用系统搭建、智能小车服务系统的设计与实现、多方远程高清会议应用系统搭建、远程水电表抄表应用系统搭建等6个项目,并配合相应实验实训基地建设。保证学生上课时,可以置身于真实情境中,充分调动其具身学习的内生动力。

(2) 探究方面

课程要融入具身学习理论,在探究活动方面更要能使学生有兴趣,有思考。因此从项目设计开始,就逐步引发学生的思考,如项目名称,虽然没有体现出通信发展史,但项目应用涉及从2G到5G,更能激发学生对通信技术的探索,在实践中引发学生对6G通信频谱效率、能量效率、覆盖场景、可扩展性和灵活性等性能的关注和思考,有利于学生对于通信网络架构和基站数据配置能力的提升。

(3) 创新方面

俗话说,"条条大路通罗马"。具身学习的路径也不止一条,一个好的项目有助于培养学生思维的开放性、灵活性和发散性。例如,智能小车服务系统,可以由哪些通信网络搭建?偏远地区的通信网络系统有什么特点?5G来了,4G手机还要不要买?这些都有利于激发学生的创新思维。课中,开展移动基站分布图绘制、探讨防止手机辐射的方法等探究活动,学生可以利用社会、工程、计算机等方面的基本技术来综合研究解决问题,有效提升学习能力。

2. 课程内容设计

通信技术专业是综合电子与计算机的复合型专业,因此它的专业课程具有跨学科性,如表4-3所示,"技术及应用"课程内容设置及建构综合了其相关学科领域热点问题,提升学生发展空间,为培养更多复合型技术技能人才做准备。

表 4-3 "通信技术及应用"课程内容设计

模块	教学单元	内容及要求	参考学时
基础模块 (项目一 数字手机语音通话应用系统搭建)	任务一 2G 无线网络的构建	了解语音编解码技术、2G 无线信号发射与接收; 掌握 2G 网络系统组网原则、网络拓扑架构方案及设备选型	6
	任务二 2G 无线网络系统的安装与配置	了解语音通话应用系统搭建方案系统类型选择; 熟悉相关模块调试; 掌握相关模块配置	6
	任务三 系统故障排查	了解硬件故障排查的方法; 了解部分软件故障排查的方法; 熟悉故障恢复的方法; 熟悉故障产生的原因	6
基础模块 (项目二 偏远地区分支机构无线接入系统搭建)	任务一 3G 无线网络的构建	了解 3G 无线网络技术; 熟悉系统总体架构; 熟悉系统设计原则; 熟悉数据安全性防护; 熟悉系统设计设备及材料清单	6
	任务二 3G 无线网络系统的安装与配置	了解分支机构的 3G 无线网络系统搭建方案系统; 熟悉相关模块调试及类型选择; 熟悉相关模块配置	6
	任务三 系统故障排查	了解硬件故障排查的方法; 了解部分软件故障排查的方法; 熟悉故障恢复的方法; 熟悉故障产生的原因	6
综合模块 (项目三 基于无线城域网的蔬菜大棚自动管理应用系统搭建)	任务一 4G 无线网络的构建	了解 4G 无线网络技术; 熟悉自动管理系统设计原则、系统设计设备及材料清单	4
	任务二 4G 宏站系统的开通配置	了解 4G 网络建设流程; 熟悉 4G 网络网元类型选择; 熟悉 4G 网络覆盖方案; 熟悉 4G 网络分场景建设	2
	任务三 系统搭建与调试	了解蔬菜大棚自动管理应用系统搭建方案; 熟悉系统类型选择; 熟悉相关模块调试; 熟悉相关模块配置	6
	任务四 系统故障排查	了解硬件故障排查的方法; 了解部分软件故障排查的方法; 熟悉故障恢复的方法; 熟悉故障产生的原因	6

表 4-3(续)

模块	教学单元	内容及要求	参考学时
综合模块 (项目四 智能小车服务系统的设计与实现)	任务一 5G 无线网络的构建	了解 5G 系统整体架构、无线通信模块工作原理; 了解项目总体方案设计; 了解支撑系统原理与设计	4
	任务二 5G 室分系统的业务配置	了解 5G 网络覆盖建设流程; 掌握 5G 网络室内分布场景特点	2
	任务三 智能小车服务系统的搭建	了解智能送货小车应用系统搭建方案系统类型选择; 熟悉相关模块的调试; 熟悉相关模块的配置	6
	任务四 智能小车服务系统的故障排查	了解智能小车信号系统故障的分类; 了解智能小车自身故障的分类; 学会分析故障现象; 能够正确分析故障产生的原因; 熟悉解决故障的方案	4
创新模块 (项目五 多方远程高清会议应用系统搭建)	任务一 系统原理与设计	了解接入网概念、远程接入系统原理; 了解远程接入网络设计、远程接入模块设计	2
	任务二 5G 室外宏基站建设(eMBB 应用)	了解 5G 网络宏基站建设流程(eMBB 应用); 熟悉 5G 网络网元类型选择(eMBB 应用); 熟悉 5G 网络覆盖方案(eMBB 应用); 熟悉 5G 网络 eMBB 场景特点	6
	任务三 多方远程高清会议应用系统搭建与调试	了解多方远程高清会议应用系统搭建方案; 熟悉系统类型选择; 熟悉相关模块调试; 熟悉相关模块配置	6
	任务四 系统故障排查	掌握硬件故障排查的方法; 了解部分软件故障排查的方法; 熟悉故障恢复的方法; 能够正确分析故障产生的原因	4
创新模块 (项目六 远程水电表抄表应用系统搭建)	任务一 系统原理与设计	了解接入网概念、远程控制系统原理; 了解远程接入网络设计、无线通信模块设计	2
	任务二 5G 室外宏基站+QCell 混合建设	熟悉 5G 网络网元类型选择(mMTC 应用); 熟悉 5G 网络覆盖方案(mMTC 应用); 了解 5G 网络 mMTC 场景特点	6
	任务三 远程抄表应用系统搭建与调试	了解多方远程高清会议应用系统搭建方案; 能够正确选择系统类型; 熟悉相关模块的调试; 熟悉相关模块的配置	6
	任务四 系统故障排查	了解硬件故障排查的方法; 了解部分软件故障排查的方法; 熟悉故障恢复的方法; 能够正确分析故障产生的原因	6
总学时			108

课程首先从生活常见问题入手,6个项目构建出通信技术发展的历程和应用场景变化,涉及电子信息工程、科学与技术、计算机网络、物联网应用技术等学科构建出适合高职学生的通信技术及应用创新实践课程。课程实施时,根据学生的个性特点,提供全方位的具身实践指导,既满足学生的情感需求,也能使他们在具身实践的场景下获得创新认知与实践,达到激发和培养学生内在和外在学习动机的目的。

3. 课程实施方案

以项目四——智能小车服务系统的设计与实现为例,分别从课前、课中和课后展开具身理念的融入教学。

(1) 环境设计

从社会热点问题切入,针对21世纪中国须面对人口老龄化的问题,开展基于5G的智能小车服务系统设计,助力智慧养老,从而将5G通信网络架构、无线通信模块工作原理等抽象内容引为学生所熟悉的内容,增进亲切感,增加学习兴趣。项目以"5G智能小车"为载体,具身教学的同时,进一步增强学生的爱国主义情怀,以培养更多通信技术岗位的能工巧匠。

5G通信网络的架构,从认知的角度看,是一个离身性的知识点。移动通信网络主要由无线接入网、承载网和核心网三大部分组成,三者分工协作,共同构成5G信号传输的通道。在拓扑绘制时,一般都是将基站、传输设备和核心网设备抽象成符号或者文字框图组成图形来表示,它的呈现形式忽视了学习者具身的要求,使其处于离身状态,初学者会觉得有一定难度。如果在教学中,以这些抽象的图形来讲授,会增加学习难度,也使学生难以领会拓扑图上体现出的信号传输流程。

虽然拓扑图呈现出离身性,但其图上所蕴含的空间信号传输信息却表现出具身性。5G通信网络架构的拓扑就是在具身认知真实世界5G网络架构的基础上总结归纳出来的,由于拓扑图上的空间传输信息存在于特定的工程和社会环境中,因此进行拓扑图的绘制时,需要由离身认知转化到具身认知领域,将抽象思维具象化,实现抽象空间到现实场景的等价代换,达到大脑、身体与心理平衡状态下的具身学习。

(2) 课程设计

心理学家威尔逊(Wilson)曾指出,认知除了有情境性,还具备时间压力,它需要在与实时环境的交互中进行。因此课堂时间的设置很重要,本课程是6节连上,考虑学生学习疲劳,课时设置如图4-1所示。

科学家研究发现,学生上课的注意力是随授课时间的变化而变化的,在一节课45分钟的时间里,开始10分钟左右,是会慢慢增强,然后会维持10分钟左右,在这之后就会逐渐下降,尤其快到下课时,注意力是最低的。具身教学实施时,按照"六环递进"的步骤完成:情境引入→原理认知→仿真演练→实训操作→检验成效→综合评价。

① 情境引入(5分钟):以5G智能小车的网络覆盖为背景,导入学习任务,明确任务内容。

② 原理认知(15分钟):通过5G仿真实训系统了解5G基站的设备组成及网络架构。

③ 仿真演练(25分钟,如图4-2所示):通过5G仿真实训系统分析5G室分站的特点,分组探讨5G室分站的技术指标。

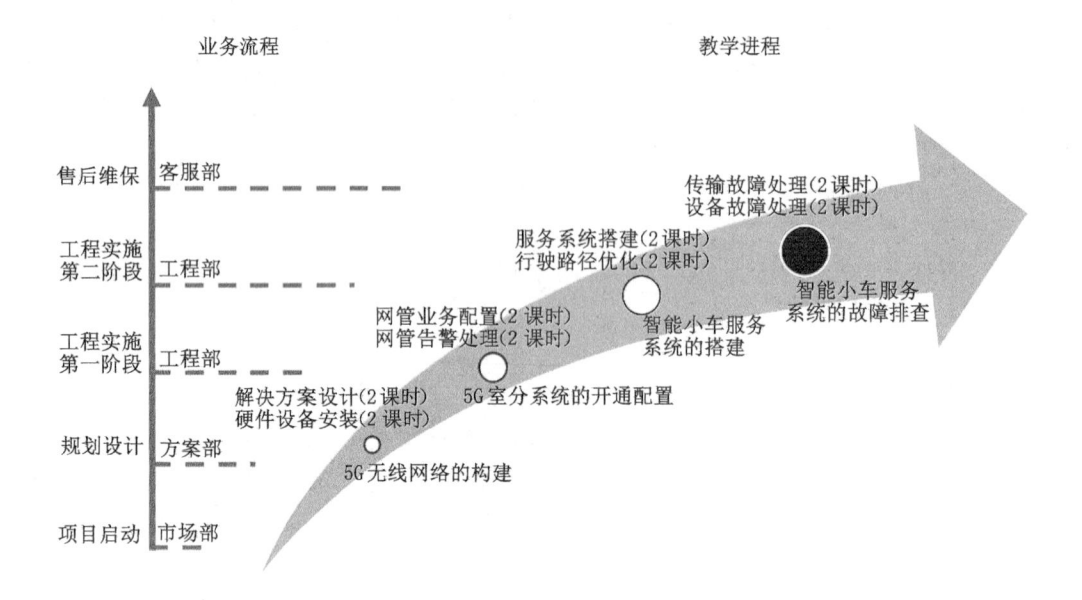

图 4-1 项目课时分配

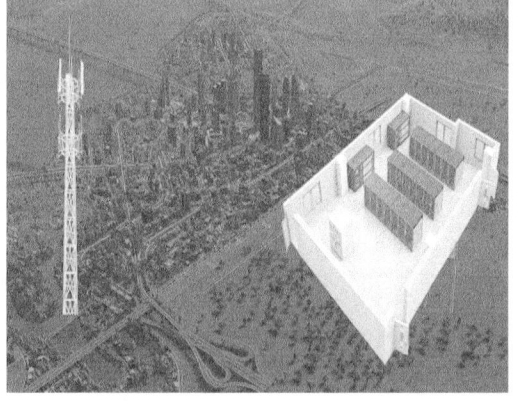

图 4-2 5G 仿真实训系统

④ 实训操作(20 分钟,如图 4-3 所示):小组讨论室分站的安装过程,确定安装步骤和安装注意事项。通过操作示范,强调安装工艺,培养学生养成精益求精、严谨务实的工作作风,达成任务实施目标。

⑤ 检验成效(20 分钟):小组合作完成 5G 室分站的设备安装和线缆连接,达成技能目标,突破教学重点。(图 4-4)

⑥ 综合评价(5 分钟):老师对标评分标准,结合各组运行效果进行打分评价,引导各组进行功能改进,并组织小组自评经验总结,互评最佳作品。(图 4-4)

(3)课后设计

具身学习在具有学习作品的情况下,需要对其进行科学的评价。要在深入构建基于身体认知和具身思维的基础上,不断完善对于项目的评价量表。

图 4-3　设备安装实训操作

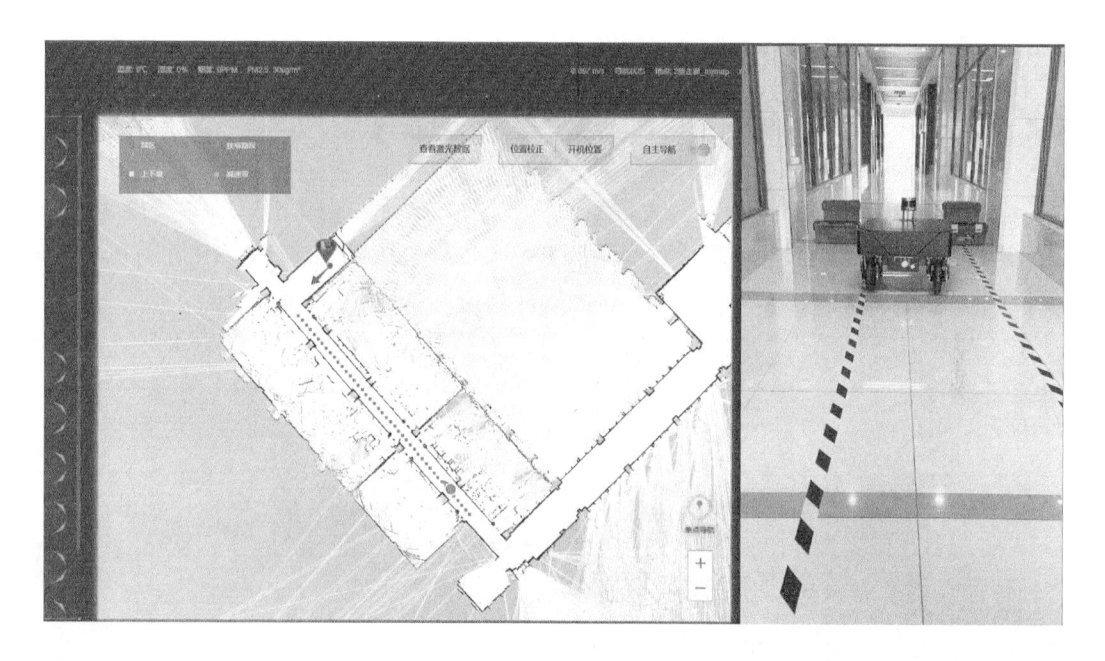

图 4-4　小车平台跟踪与实物运行对比图

（4）工具或平台对具身学习的促进

该项指标是测试专业知识学习受身体活动影响的力度，比如，当学习者的身心没有专注于认知学习时，其学习成效能有多少。该级指标下包括 4 个二级指标，分别是网络规划（可视）、小区拨测（可测）、基础优化（可视）和移动性测试（可触）等 4 个方面。实施时，均要求学生调动自己的感觉器官、运动器官及其关联与经验建构的神经系统具身投入。如眼观微视频，手和脑练习虚拟仿真软件；或运动到户外，手持手机和电脑完成测试，眼部观看测试数据，大脑将眼、耳、皮肤等感官传递过来的信息进行汇总和处理，生成提炼后的语言信息、图文信息和综合信息，通过嘴、情绪和人体的执行机构表现出来。例如，在使用软件MapMaker建图时，建图的方法、步骤以及建图坐标与实际坐标之间的关系，都可以通过这种具身的方式学习，就可以使学习者在脑海里形成虚拟与现实地图的关联和区别，并能建立"新建→范围设置→优化地图→上传地图"几个方面的内容关联；基站数据配置，从全局参数→站点参数→传输网络参数→5G小区配置等层面的关联和配置要求；排故部分，能够建立故障现象归属通信类还是小车自身类问题的关联性分析，从而确认相对应的故障处理方法。

项目特性是衡量具身项目学习后的学生归纳总结知识点或操作原理、方法、步骤等的尺度。分组设计的智能小车服务系统是在分析任务要求、理解原理的基础上完成的，系统所体现的功能应具备科学性、准确性和真实性。无论采用哪种设计方法，都应该满足工程建设中绿色环保的要求。如以室内某段区域来模拟养老院小车运送物品时的路段，室分站设置的个数也应满足其覆盖范围要求，有缩放的地方也应在显性位置标明，不能因为模拟场景的缩放而不强调缩放比例和布站原则。仿真性，是指具身学习设计实现的系统与真实5G网络之间相似的程度。没有任何一个仿真系统可以代替真实场景，因为真实场景永远会比仿真的复杂，但在技术指标方面，天线角度发生变化时，网络信号的强度会受影响，是可以做到神似与形似的。趣味性是指项目完成过程中存在的生动风趣或引人入胜的地方。如比较小车在5G和Wi-Fi下的运行方式，通过不同场景模拟实验，测试数据用仿真软件分析数据，充分调动学生的视觉、感觉和听觉的同时，也将科学分析数据的方法传授给学生。智慧性，主要体现在项目的拓展方面，如小车能兼具巡逻功能或网络系统能应用大数据其他场景的广度；生态性，是指在保证5G低时延、大带宽的前提下，如何进一步实现基站的共建共享，提升通信网络设备能效。有的小组会在产品报告和表述里关注这些，因此其项目研究的意义也得到提升。具身学习学生项目完成评价量表如表4-4所示。

表4-4 具身学习学生项目完成评价量表

评价项目	一级指标	指标权重	二级指标	指标权重	指标描述	评分方式	评价等级			
							A	B	C	D
项目四 智能小车服务系统的设计与实现	工具或平台对具身学习的促进	0.63	网络规划（可视）	0.15	各个城市的无线网、承载网和核心网参数符合配置要求	上机评分				
			小区拨测（可测）	0.15	每个小区以会话测试结果或联网情况作为拨测结果	结果评分				
			基础优化（可视）	0.09	定点测试SSB RSRP、SSB SINR、上行速率、下行速率、语音均达标	结果评分				
			移动性测试（可触）	0.24	终端成功从起点移动至终点，且测试过程中无切换失败、无重选失败	结果评分				

表 4-4(续)

评价项目	一级指标	指标权重	二级指标	指标权重	指标描述	评分方式	评价等级 A	B	C	D
项目四 智能小车服务系统的设计与实现	项目特性	0.25	科学性	0.08	项目达到5G通信网络性能指标的程度	上机评分				
			仿真性	0.04	项目与真实5G网络部署相似的程度	上机评分				
			趣味性	0.05	项目能激发学生学习兴趣,触发学生思考、讨论、动手操作的程度	结果评分				
			智慧性	0.05	项目能够拓展的广度	结果评分				
			生态性	0.03	提升通信网络设备能效,降低其建设与维护成本的方法	上机评分				
	具身思维的培养	0.12	创新思维	0.03	以新的视角、新的方法、新的思维,形成新的方法或观点,有助于项目实施或拓展	结果评分				
			技能提升	0.05	能演示项目功能,故障分析清晰明了	上机+演示评分				
			跨学科能力	0.02	融会贯通信息技术、社会科学等多门学科知识	结果评分				
			可复制性	0.02	整体设计简单实用,可应用于其他相同切片场景	应用评分				
整体评价										

具身思维的培养主要是想了解学生在项目研究过程中形成的科学思维方面的能力。创新思维,是指以新的视角、新的方法、新的思维,形成新的方法或观点,有助于项目实施或拓展。比如,养老院的车还可以用于外卖,由此,产生的在避障方面可以仿照无人车在复杂环境和简单环境下不同方法避开障碍物的想法。技能提升,主要是指在项目总结或课后的报告中,所设计出的能反映提炼技能的方法,如精练或简化操作步骤等;跨学科能力,比如项目应用在养老院,引发学生对步入老龄社会的思考,并由此引起的企业和就业岗位的变化。可复制性,可以指下一个项目设计时,可借鉴或复制上一个项目的地方,它可以是设计思想,也可以是实施步骤,它表示的是学生对新知的迁移能力。

4. 课程反馈与反思

(1)成绩有效提高

具身教学,使学生在任务实施中学习了5G室分站系统的安装、调试功能,任务实施评价得分显著提高,如图4-5所示。

(2)效率显著提升

如图4-6所示,"5G仿真实训系统""5G全网仿真与部署"等仿真软件的具身使用,培养了学生对5G通信网络的理解,提高了实训的效率。

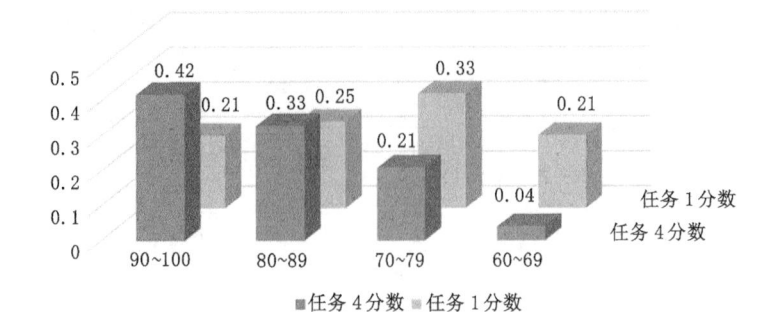

图 4-5 学生任务实施各阶段分数比例

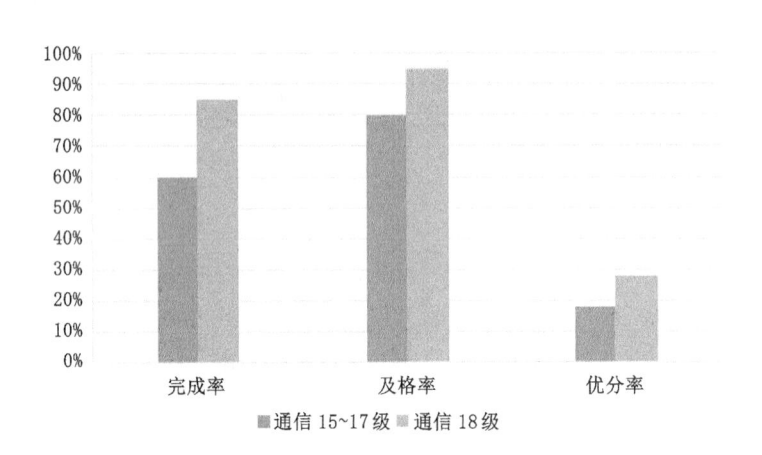

图 4-6 项目完成度比例变化

(3) 企业评价认可度明显提高

如图 4-7 所示,企业工程师协同参与到学生项目实施的具身评价中,与教师共同指导和评价,并将优秀学生直接纳入企业的实习计划,深化了校企合作。通过对用人单位的问卷调查,得出用人单位对本专业毕业生综合素质满意度评价表,其中,对专业水平、心理素质及抗压能力、创新能力等各分项得分均高出同类专业 1～3 分。

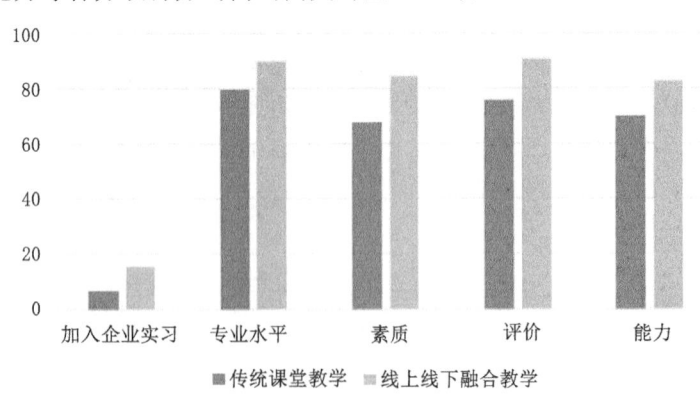

图 4-7 企业评价表

融入具身理念的项目式教学，使得专业教学有了更大变革，在以教师为主导、学生为主体、任务驱动式教学的基础上，实现了课堂人人有任务、组组能创新的新局面。在设计教学环境、项目情境的基础上，使师生共同投身项目研究，实现教学相长。随着通信技术的发展，具身理念的项目教学，需要更多学科知识的融合，这对职业学校教师的综合素养、实验实训基地的技术更新、专业方向的不断完善，提出了更高要求。只有使科技、产业、资金、制度和人达到一个更加和谐的状态，才更有利于具身教学的发生、发展和完善。

融入具身理念的项目式教学，需要在今后更多利用ICT协同同类专业资源，紧跟产业发展，在平台大数据架构下，以统一的数据存储、数据分析和现代通信技术规划具有角色性、岗位性、竞争性的工程项目，打通各信息孤岛，实现各专业数据和业务的互联互通。如"5G智能电网应用系统的设计"项目，以通信技术、电气自动化技术、计算机网络技术等专业学生"协同工作"为手段，创建更加综合融通的具身学习环境，以实现更多高素质技术技能人才的培养。

三、物联网专业具身教学案例分析

随着科技的不断发展，物联网行业对人才的需求也不断扩大升级。物联网主要是通过各种信息传感设备（如射频识别器、全球定位器、红外感应器、激光扫描器等），按照一定的通信协议，根据实时采集的声、光、电、磁等信息，实现物体对物体进行定位、识别、监控和管理的一种网络。它对推动产业结构优化升级，促进智能制造飞速发展有着重要作用。目前，它已经被广泛应用于物流、农业、医疗、城市建设等多个领域，可见，其岗位对人才复合型的要求会越来越高。

本部分内容以"物联网技术应用"综合课程为例进行分析。高职的综合课程，是在不改变原有课程体系架构的前提下，根据其专业的市场需求和科技发展，将学生之前所学课程知识进行目的性糅合，兼顾学生的情感与创新能力培养，生成不同的项目，项目间按照递进、循环上升式关系进行先后教学。具体而言，它就是一个工作过程，以模拟学生在工作岗位上的一个或一组任务，将其抽象后，在老师的带领下让学生亲历解决实际问题，从而使学生的专业技术能力、人文素养都得以提升，符合具身学习的设置要求。

"物联网技术应用"综合课程的开发，是以模拟电子技术、数字电子技术、单片机应用技术、物联网工程概论、RFID射频识别技术等课程为基架，按照项目螺旋式上升的原则，从走近智慧医疗到家庭健康系统的智慧搭建等，由单纯识别电路图升级到含有Android开发工具的软、硬件设计与制作。

1. 学习资源准备

本次课程中，选用的是南京高等职业技术学校开发的校本教材，教材分为五章，以项目二（雷达心率监测系统的设计与实现）为例，其实施步骤及能力对接如表4-5所示。

表4-5 综合课程项目具身教学实施步骤及能力对接

实施任务	任务内容	具身活动内容	任务目标	对接岗位
任务布置，方案设计	由老师提出任务向学生发现问题自我提出设计问题转向	网络搜索资源、照搬资源向分析资源、合理正确利用资源转向	培养建立学生树立网络道德，秉持实事求是的态度，坚持创新	物联网工程技术资料员、分析员等

表 4-5(续)

实施任务	任务内容	具身活动内容	任务目标	对接岗位
传感器的选择及原理	由师生根据设计任务分析结果,选择合适传感器,并进行工作原理分析	通过身体非接触式传递信号的方法,想象非接触式传感器捕捉生命体征的方法	培养学生举一反三、亲历求知的学习习惯	物联网系统应用工程技术员、物联网系统调试员
移动端 App 设计及应用	移动端监控平台功能的实现:App 功能的设计及定制、应用	绘制 App 界面,或列举其功能界面,描述其功能	培养学生善用信息、全面考虑问题的习惯和精益求精的精神	物联网系统应用软件开发员
PC 端心率监控平台设计与应用	心率批量监测功能设计与实现	角色扮演、模拟控制场景	培养学生与他方协作的意识,提高作品的原创性,具备始创自我保护的意识	物联网系统运行管理与维护员
系统整体调试与验收	确立实物与相关技术资料间的对应关系	操作虚拟软件,撰写联调绘制报告	培养学生建立规范生产的意识,具备专业、谦和的态度	物联网系统设备安装与调试员
作品的处理	创新结合绿色环保与互联网加的概念,建立作品的最终归属	寻找处理商,商谈方案和价格	培养学生有始有终的行事方针,建立一定的经济头脑,倡导事物的循环利用,资源的节省与绿色环保概念	网络运营员、销售员

2. 具身学习说明

在教学环节上,本案例的实施流程是从情境导入→原理认知→应用实践→汇报验收 4 个步骤,共 16 学时的课时安排,前两个模块,以学生探究学习系统工作原理为主线;后两个模块,完成装配和调试,实现对原理的应用实践和知识迁移。

(1) 情境导入环节

在情境导入环节的问题探究中,教师引导学生归纳心率测试的作用,展示测量心率的仪器或设备,如图 4-8 所示。学生通过讨论,归纳出心率是反映人体身心健康的一个重要指标,心率变化可用于判断一个人的健康状况。心率异常可能会是因为心脏病,也可能是猝死的前兆,也有可能是别的如情绪激动等等。

(a) 心电监护仪　(b) 血氧计　(c) 心率带　(d) 健康手环　(e) 微表情分析仪

图 4-8　常见心率检测设备

由此,引导学生观察图 4-8,教师扮演医生,学生扮演病人,利用图中设备进行心率的测试,得出图中设备不同类型的结论:哪些是接触性心率检测设备,哪些是非接触性心率检测设备;和图中设备测试的共同点:同一时间,只能对一名用户进行检测。

在此环节中,学生通过角色扮演和拓展思考,除了分析出现有两类检测设备在使用时所需要具备的检测条件外,还会发现,非接触式检测仪在使用过程中,因为观察的是室内人体的状态,所以有存在侵犯个人隐私的弊端,从而对法律法规有更加明确的认识。

(2) 原理认知环节

① 雷达工作原理。

要弄清楚雷达心率监测系统如何实现对人体的实时精确监控,首先需要弄明白雷达的工作原理。此时,教师可以引导学生通过自己的眼睛看到物体的变化来分析眼睛是如何看到事物的,如眼睛能看到颜色,为什么能看到这些颜色,从而启发学生对雷达的工作原理产生探究性,因为雷达所起的作用和人眼相似。课堂上,阳光经过折射会产生不同颜色的光,学生通过眼睛可以看到不同的颜色,是因为光的波长不一样,那么雷达也是这样进行不同事物识别的吗?教师通过对比,激发学生的探究热情,从而为雷达工作原理的理解做好准备。(图 4-9、图 4-10)

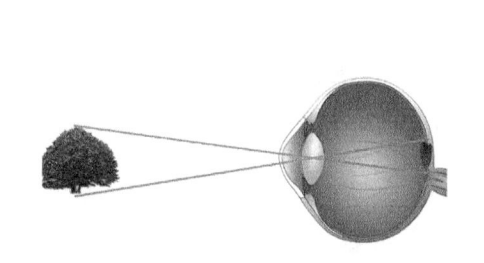

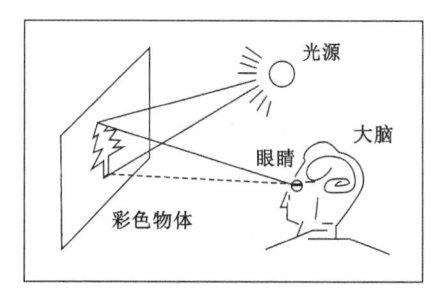

图 4-9 人眼成像工作原理

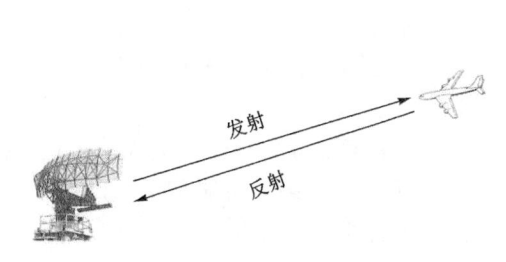

图 4-10 雷达看物体工作原理

② 监测系统原理。

雷达心率监测系统是对人体心率进行实时监测的系统,它由雷达传感器、移动端监控平台、数据库管理系统、监控平台等模块组成。(图 4-11)

如图 4-12 所示,工作时,雷达前端的天线发射出无线电磁波到人体,接收到人体的返回

```
雷达传感器 ⇌ 移动端监控平台 ⇌ 数据库管理系统 ⇌ 监控平台
```

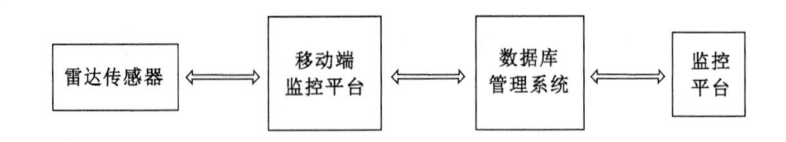

图 4-11　雷达监测系统原理框图

信号后经混频、滤波、放大等处理后，通过无线通信模块传送到移动端监控平台（也就是移动端 App，如 Android 系统的智能手机、笔记本等移动设备），在此平台中对采样到的信号进行有用信息的识别、提取和存储，并通过用户界面进行数据显示，同时完成对心率体征数据的实时监控和与之前数据的比对查询。为实现远程监控，移动端获得的心率信息会经过网络上传到数据库管理系统。远程监控平台通过数据库管理系统除了对心率信息进行监控和实时显示外，还可以对雷达的数量和运行状态、用户的个人信息等进行记录，如发现异常（包括心率数据异常、设备故障、电源故障等），还有报警功能。

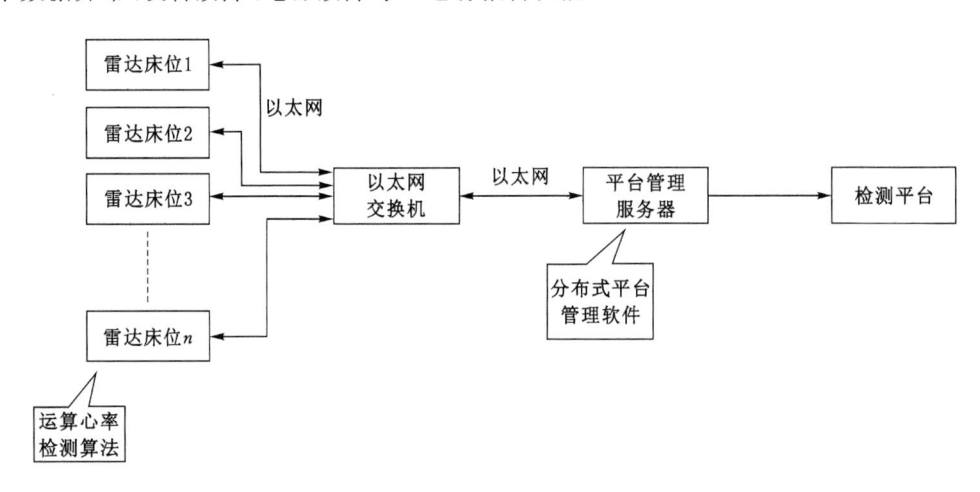

```
雷达床位1 ─┐
雷达床位2 ─┤ 以太网
雷达床位3 ─┤──→ 以太网交换机 ──以太网──→ 平台管理服务器 ──→ 检测平台
    ⋮          ↑                              ↓
雷达床位n ─┘                              分布式平台管理软件
    ↓
运算心率检测算法
```

图 4-12　雷达监测系统拓扑图

在学习此原理时，教师引导学生分组展开活动，通过类比 QQ、微信等传送语音信号的方式，让学生推送此系统的原理框图和信号分析处理流程。

③ 阶段小结。

本环节工作原理的教学是让学生从感知到分析生活中常见问题而进行推导探究的，既遵循了学生学习新知的规律，让他们明白新知学习的意义；又提升了学生的学习兴趣，增强了知识的实用感。这部分内容，可以让学生进一步明晰传感技术在生活、医疗等领域的重要应用，只要善于利用各类传感器、现代网络技术和服务器，就可以使更多物和物实现互联，这也是物联网技术的真谛。

（3）应用实践环节

在体验和理解了心率监测系统的功能后，进入系统的装配和调试环节，也就是原理的应用和实践环节。在这一环节中，如何正确应用原理解决排故问题，完成电路的调试，既是重点也是难点。本环节，将充分应用美国康涅狄格大学尼格教育学院教育心理学教授、国际教育领域专家贝盖托所提出的培育学生解决问题能力的四项行动准则来分步实施。

① 停下来。

同一故障现象,往往会是不同原因引起的,这也是排故成为困难的原因。所以在遇到困难时,要冷静下来,先进行探究。弄明白要解决这个问题需要哪些知识储备,运用哪些排故技巧,这其实是一个自我反思、探究、为下一步做准备的过程。停下来的目的是积谷防饥,让学生为解决问题做充分准备,从而不会打击其自信心。当然,这需要配合准备一份自查问题的清单(表 4-6),在冷静思考中对照清单进一步明确解决问题的路径。

表 4-6 "停下来"的自查清单

探究	准备
□这是一个什么样的故障现象,我看明白了吗?	□怎样才能找到更加明确故障现象的信息?
□此故障现象属于什么类型的故障?	□要判断类型需要掌握哪些信息?
□对应这个故障现象,有可能是电路哪些地方出问题了?	□在哪里能找到这些判断的信息?
□做哪些检测,就可以判定故障的大概位置了?	□谁能帮助我做检测?
□关于这个故障现象,还有什么故障原因是我没有想到的吗?	□谁能帮助我从不同角度思考故障原因?
□完成这个排故的步骤是什么?	□如果排不出来,我应该向谁请教比较迅速?
□目前,还有哪些事,我没有考虑到?	□我已经准备好了吗?可以去完成挑战了吗?
	□第一步做什么?

② 想一想。

在这个行动中,教师引导学生分小组展开发散思维。可以运用这样的语句:"现在的故障现象,说明可能 A 地方、B 地方、C 地方……有问题"、"如果是 A 地方有问题,那么应该检测……"、"如果是 B 地方有问题,那么应该检测……",通过同伴间的观点质疑和思想交流对同一现象的不同原因进行更多可能性分析。这一交流不仅仅是讨论想法,还要通过汇总想法,生成可行性排故方案。表 4-7 为想一想的自查清单,对小组合作探究排故具有积极指导意义。

表 4-7 "想一想"的自查清单

发散	汇总
□你能想到多少种判断此故障现象产生原因的方法?	□目前,一共有多少种排故方案?
□你能想到其他人想不到的方法吗?	□优秀方案和较差方案分别有哪些?
□如果现在想到的方法都不对,会怎么样?	□能说出你判断优秀方案的标准吗?
□有没有可能这个现象就不是故障?	□和你的同伴分享你的答案,你觉得他们会说什么?
□你的排故方法可以使用吗?	□给同伴提供反馈后,对自己的排故方案有帮助吗?
□如果叠加同伴和自己的想法,会怎么样?	□你觉得谁是评判方案优劣的专家?
□一直问"如果是×地方有问题,那么应该检测……"会怎么样?	□谁的想法对你的方案最有帮助?
	□哪一种排故方案,能较全面地解决问题?

如移动端启动问题,其生成故障的原因和故障性质判断如表 4-8 所示。

表 4-8　移动端启动问题故障的原因和故障性质判断

故障原因	故障性质
电池年限问题	可测可修
电池电量问题	可测
外接充电器故障	可测可修
内部充电电路故障	可测可修
屏幕故障	可测可换
系统软件故障	可测可修

此环节学生进行的发散思维和方案讨论,经集体汇总后,全体同学进行投票,选出"优秀维修方案"和"最多方案贡献组",既培养学生的"勤动脑、善思考"的习惯,也提升他们的社会竞争意识,达到具身学习的目的:身体、环境与心智的交互和谐。

③ 应用实践。

每组根据自己选出的优秀排故方案,进行故障排除。先利用虚拟仿真软件熟悉排故流程,明确故障检测点和正常数据值,仿真排故过关后,再进行实践排故。同时,注意自查排故过程中遇到的问题与之前所列清单内容是否相符,自查清单如表 4-9 所示。

表 4-9　行动的自查清单

计划	检验
□这个故障你可以从哪里开始排查?	□检验你的方法有利于解决问题吗?
□怎么做可以确定你的排查方向是正确的呢?	□正确吗?有地方出问题吗?
□怎样使你的排故方法更加简捷、速度更加迅速?	□随时检验方法是否符合排故要求?
□在排故前,你可以找谁帮忙?	□不断记录你的排故方法,哪些可以实现,哪些不可以?
□谁能帮你判断排故方向是否正确?	□区分并标注你正确和错误的排故方法。
□现有的知识和技能能让你独立完成排故吗?	□与同伴互相检验,评判。
□一个故障可能有很多故障原因,是同时排查还是先后排查确认?	□排故的结果和你当初的设想一致吗?
	□重新排查一次,你还会选这个方法吗?

俗话说"纸上得来终觉浅,绝知此事要躬行"。在这个环节,只要学生将自己的想法付诸实践,五官和大脑不断检测并分析数据,即使最终没能排除掉故障,也会让他们学习到很多书本中找不到的知识,得到心智的提升。

(4) 学到手

"学到手"的行动中包括两个方面,一是看学生是否完成本次的项目,二是引导学生在反思中实现知识的进一步积累。每个小组以讨论或自我思考的方式,回顾自己在整个调试过程中遇到的问题、解决的方法,评估优劣,提炼总结。在物联网项目学习中,故障虽千姿百态,但万变不离其宗,经常有触类旁通的情况,所以要养成不断反思的习惯,如果将雷达比拟成眼睛、服务器比拟成大脑,以太网则是骨骼,那么故障点也可以用身体的部位点来模拟,真正学以致用。"学到手"的自查清单如表 4-10 所示。

表 4-10 "学到手"的自查清单

反思	复验
□当你的想法很难进行时,觉得沮丧和难受是正常现象,不能因此放弃。 □有时最好的方案是不断试验,不断修正。 □多听取别人的意见,是很有必要的。 □你的排故方案中,可取的是哪些? □你的排故方案中,不可取的是哪些?为什么? □如果再让你重新排故一次,你会采取哪些不同的方法?又会保留哪些? □你需要改进和完善的地方在哪里?	□你没用到的方案是不是能实施? □还有新的更好的方案吗? □谁能帮助你修正方案? □如果你已经完成排故,请分享经验。 □如果你没能完成排故,可以先回头想一想是完善方案还是换一个方案,再进行排故,多试几次,一定能成功。 □排故过程中,你学到了什么?可以分享经验。

在应用实践环节中,学生在教师的引导下,经历"停下来→想一想→有行动→学到手"4个阶段,既锻炼了他们发现问题、分析问题和解决问题的思维,找到了故障排除的方法和路径,又达到了发展创新思维的目的。在小结中,可以让学生畅谈,他们在排故过程中应用了哪些原理,从而实现新知的迁移与应用。

3. 案例评价

物联网应用技术案例是基于具身学习中的"迁移式体验"策略完成的教学,从获取新知的角度,教师在原理学习阶段,引导学生通过比对人眼识别不同颜色与雷达监测物体不同变化的原理,促使学生强化对原理知识点的理解、重组和应用;从情境设计的角度,选取监狱、看守所禁闭室、养老院等真实情境,通过监测人员的心率和呼吸频率,关注群体的生命健康,推进智慧设施建设,降低各机构的管理难度,也使学生更加融入社会,作品更加与大数据时代相融合;从应用实践的角度,可以看出学生在排故环节能利用原理性知识进行分析、操作,设定问题结点,并不断搜集信息进行维修焦点的修正,实现工作原理学习的进阶;从评价的角度,应用了贝盖托所提出四项行动清单、学生自评、生生互评、教师和企业工程师评价等方法,全方位评价学生的作品,学生通过作品的展示、点评、经验分享,也让学生的体悟、心悟和脑悟得到进阶。

第五章 具身学习的实践策略

第一节 具身学习的身份构建

传统认知认为,学习的过程仅仅是大脑内部思考感知的结果,这种学习方式也被称为"脖子以上的学习"。具身观点认为学习是全身心投入的结果,认知过程并不全部由大脑所决定,同时还受承载大脑这一主体的身体结构所影响。学习者通过对环境感知和作用于环境的行为之间互动最终生成知识,完成学习。学习者和他人、社会、自然环境共同构成了一个整体,知识是这个整体各个因素相互影响的结果,在这个过程中各个因素缺一不可。

一、真实问题的探索与进入

知识学习的过程是学生探究性活动建构的过程,并不是简单的概念习得,而问题则是学生进行探究性活动的关键媒介。传统教育模式,在进行知识传授时关注知识的讲授过程,而忽略了学生对知识的感悟、体验过程。这种输入式的知识传授方式并不能全面帮助学生内化所学知识,使得学生无法透彻领悟所学知识。

具身理论认为,个体的认知是源于身体与外界事务相互作用造成的身体状态的改变,形成体验,生成知识。身体的体验影响认知内容、方式以及认知结果。由于身体的物理属性特点,外界事物与身体互动过程中直接或间接影响身体结构,使认知主体的感知也发生变化,从而生成新的认知。个体的自我认知产生于行动性经验和真实性体验。在具身理论指导下,学生在探索真实问题的过程中,通过连续系列的问题探究行动,发现问题、理解问题、提出假设、检验假设,形成对客观事物的感知,并在这个过程中构建知识。学生的主动性探索过程使身体地位从被动走向主动,逐渐生成学习的主体地位,使学习成为自我实现的过程。

二、情境共同体的联合与对话

环境是认知过程中不可缺少的条件,认知的内容、过程、方式与身体紧密相关,身体是处于环境中的身体,所以认知应当扩展到个人所处的环境中。认知是身体在环境的主导下主动建构生成的,身体、心智、情境在相互作用中组成整体,环境这时也成为身体的一部分。环境当中的物体、文化、行为规则、道德规范等都将通过身体媒介对行为产生影响。学习者的身体需要充分体验环境带来的感受,通过身临其境的感受,诱发、强化主体的具身效应。

在具身学习中,学生利用身体的多感官对环境进行感知,借助主观能动性打破原有的被动地位,使自己在真实情境中获得自由与成长,这个过程是在共同体关系中生成的。情境为个体具身体验的产生创造条件,学生不断接触情境中直观具象的客观事物、鲜活真实的多元群体,在意识中主动建构起关于事物、群体形象的图示,成为自身思维发展的养分。学习成为以身体行动为纽带,个体与群体多维度(身体、思维、心灵)的对话与联合。

三、生命力的实践与诠释

具身认知观点认为,具身学习是学习者反思自身的过程,也是基于自身体验进行反思的过程。学习者的身体是认知加工过程中的重要构成,基于身体感知的认知构建过程就是具身学习。学生凭借具身经验实践,真切认知自身所处环境,主动参与真实情境,以行动和思维探究问题,发展个人解决问题的能力。同时通过情境中多元群体的对话交流、共同体验,使得个体的处事方法、做事风格不断完善,能够有目的、有意识地利用身体行动、具身实践去改造环境,促使关键能力不断深化。学生的能力不再是抽象的内在品格,而是依托真实情境,通过情境中具象化的行动外显的、有自己个人特点的关键能力。学生在情境行动中完成对生命意义的阐明,具身实践成为自我生命力的最佳诠释。

第二节 具身学习的触发条件

具身认知理论认为,知识是在特定学习环境中完成意义建构的,认知有赖于环境。认知活动在两种相互作用下进行,一种是环境刺激下的自下而上的加工,是适应和调节的过程;另一种是个体主体性自上而下的加工,是解释和构造的过程。学习者和学习环境在这个过程中互利共生、双向建构,构成一个统一体。学习者在学习环境中进行感知并逐渐发展,同时也在根据需求不断塑造着学习环境。具身学习环境是动态生成的,会随着教学活动的展开而不断改变,这些变化往往是模糊的,很难被具体地、精确地描述出来。环境中包含的各要素相互作用,比如学习者和学习资源相互作用的同时也在和教师、其他学习者以及物理环境、认知工具等发生作用。各要素之间的非线性的混沌关系,使得具身学习环境不断变革更新,促进学习者感知认知的发展。

一、认知条件:学习是客观世界的真实感验

具身认知认为,学习者认知的生成和改进得益于在身体感知—运动中的体验和对认知的反思,强调身体的教育学价值及在认知生成中的重要地位。学习者的学习构建分为直接学习建构和间接学习建构两种方式。直接学习建构由身体感知开始,学习者的身体直接参与到学习中,通过具身行为产生情绪体验,并进行认知。在这个过程中,具身行为对认知起到支持和建设的作用。身体不仅是认知的工具,同样也是主动操作者,能够影响改变学习者的体验以及后续的认知反思。间接学习构建过程中学习者通过身体的中介作用进行认知。比如对某个学习对象的描述会使学习者在大脑中产生心理体验,进而将认知转化为大脑的动作,身体的动作并不直接作用于认知过程。学习以真实情境为基础,融合在个体借助身体行动参与真实情境、自主探索的过程中。学生借助问题进行主动探索,构建知识,在与其他多元群体进行知识交流、技能共享中,赋予知识经验性的意义,对自己的认知结构进行重建。

二、伦理条件:学习是多元群体的交互对话

学习的主要生成路径是交互,学习者的多个自我建构的学习过程相互交叉影响,实现学习过程的构建。学习者是一个广义范围的词语,它不仅包含同一阶段的学习者,也代表不同的学习者和群体,这其中也包含学习中的教师。学习因此具有多元含义,既包含学习者个体学习进程的交互,也包含学习者个体与群体之间、学习者与教师之间的交互。

交互构建的方式包含观察、模拟、对话三种形式。学习者为了更好地理解他人的意图和目标,会细致观察并挖掘他人的行为,通过在自身动作系统中重放他人表征来理解别人。模拟建立在学习者的身体和已有认知经验的基础上,当学习者感知到与已有经验类似的情境

时,会进入到抽象和创新思维认知加工过程,并提前做出预判,根据预判的反馈实现具身理解。对话是交流的过程,这个过程包含语言、身体的感知和运动参与。对话中,学习者个体的体验不仅受学习者的具身行为和个体认知的影响,还受到环境所引发的内外部反馈,这种动态变化的体验,成为学习者具身学习重要的中介因素。学习过程是以身体参与为基础,体验为中介、认知为意义建构的对话过程。

三、价值条件:学习是个体意义的行动探索

具身学习是一个不断演进的过程,个体认知从混沌到清晰,从细碎到搭配完整。具身学习过程离不开情境事件,学习者最大限度利用内部心理和外部环境,达到心智、身体和环境之间的动态平衡。具身环境是学习者具身性为和认知构建的基础,推进了学习者具身学习的进程,促进教学目标的实现。在学习者认知发展的过程中,随着条件的变化,如外部环境、内在需求改变,原有认知平衡被打破。学习者通过对自我需求的再次认知,通过一系列反应,达到更高水平的认知。行动、感知、反思既相互独立又相互关联,三者建立在身心统一的基础上。脱离感知的行动是盲目的,脱离行动的反思也是肤浅的。感知可以引导行动的产生,反思也可以启发再次行动。学生在情境中通过自身行动对客观事物进行改造重塑,从而发现自身行为、身体活动对客观事物窜在与发展的价值,明晰自身在环境中的行动性意义。学生的个体行为与知识由简单的模仿走向不断生成的全新局面。

第三节 具身学习的教学策略

具身性教学策略以学生的身体感知和身体参与为中心。通过构建多情境,充分发挥学生主观能动性、可感知的课堂,让学生通过身体感觉、思考、行动,注重学生的主动性、创造性能力的发展。具身认知是基于身体的认知,学生可以全身心地投入到学习中,学生的身体不在被局限在课桌周围,学生在自主合作的氛围中,增加了学习的兴趣,使得学习更加有效。

一、构建学习模型:反馈具身学习范式特征

随着具身认知理论的不断发展,具身学习已经成为被众人研究和实践的新的学习范式,具身学习在多个方面都具有多样性和灵活性。

1. 具身学习各要素互相耦合

具身学习包含学习者、学习环境、交互活动、学习情境、支持技术等多个要素,这些要素之间互相关联,互相影响。在具身学习环境中,学习者和环境通过具身交互融为一体,在感知过程中,身体、情境、技术等要素穿插其中影响者具身交互。

2. 具身学习是多元素交互作用的结果

具身学习范式最主要的特点是具身性,通过具身交互使得具身学习的各要素紧密耦合起来,学习者在与学习环境的交融共生中形成了具身经验。在具身学习范式中,要鼓励学习者释放身体,通过身体运动和具身模拟于环境惊醒交互。

3. 学习主体的体验性

与传统学习观念身心分离的离身学习观不同,具身学习认为学习应该使学生身体主动参与感知的过程。尊重学生个体生命价值,关注个体差异,通过情境设置使学习者能释放身心,融入环境进行感知,从而促进个体的认知发展。

4. 具身情境的多元性

具身认知重视学习情境的创设，个体认知源于身体、身体运动和情境的交互作用。情境可以使学生真正掌握或的知识，通过在情境化的生活实践中运用知识，可以促进对知识概念的理解掌握。具身学习不能脱离情境独立存在。情境既包含学习场景、物质资源、环境状态等外部物理情境，也包含学习气氛、人际关系、心理状态等社会文化情境。影响具身学习的各情境会随着具身交互而不断变化更新。

5. 动态的学习过程

具身学习强调学习过程的动态性，学习是学习者、学习环境、学习资源等要素在交互影响、动态创生的过程。这与传统教学中强调按照提前预设的学习内容、情境、教学方法、教学目标等截然不同。在具身学习的过程中，学习者自身和其他学习者之间不断体验、创造、进行思想的碰撞，环境也在根据需求不断变化，在这个过程中经验也会不断积累。具身学习各要素在不断演化和发展。

二、创建学习环境：提供感知信息和交互模态

具身认知强调身体经验是身体在与环境互动过程中获得与积累的，学习者与环境之间相互影响共生得益于感知交互，同时感知交互也是生成具身经验、实现具身学习的根本途径。人与环境、技术的具身关系是具身学习环境建立发展的基础，具身学习发展的根本是促进学习者、技术、环境之间的合作共生。

交互是具身学习过程的重要环节。学习者在学习过程中需要借助具身动作行为直接感触和操控学习对象，同时也要及时接收相应的感知信息。在这个过程中需要感知通道和交互形式共同作用。在情境感知过程中，学习者通过触觉、听觉、视觉等感知通道接收反馈信息，积累具身经验。鲜活、完整的具身经验的获取需要多感知通道与环境的交互作用。交互形式包含直接交互与间接交互，在具体感知过程中，受学习环境类型、内容呈现方式等因素的影响，交互形式也要适当改变。

三、开展多元活动：促进环境与教学内容的有机结合

身体各感官在与环境的交互体验、活动过程中形成具身认知，认知与环境、身体之间相互嵌套、不可分离。具身认知学习环境是基于具身认知理论身心融合建立的一种心智、大脑、身体相互内嵌的学习环境。具身认知学习环境主要由物理环境、社会文化环境、资源支持环境和情感心理环境四部分构成。物理环境主要包含教学开展的场所，场所基本设施、光、影、声等，是学习者进行具身学习的前提和保障。资源支持环境主要包括学习资料、多媒体、各种认知工具、虚拟技术及其他具身技术要素，是进行有意义学习的必要条件。情感心理环境指教学中的学习氛围、学习者之间的关系等。社会文化环境包含学习者、教师的思维模式、学习习惯等要素。

在具身学习过程中，学习者获取知识的过程既包含认知层面信息加工的过程，也包含借助身体的各感知器官感知身体行为，或者是通过不同角色设定与环境中各要素交互作用。通过将课程具体内容借助身体感官感知，生成知识，并在实践中将学习者身体行为最大化融入环境中，从而实现身体认知体验和具体知识的连接，实现身体的行为化。学习者在进行具身化学习时，可以借助具身技术、认知工具将身体感知功能放大，实现身体的技术化。学习者和教师在进行教学实践活动时，将各自的学习习惯、思维模式等融入其中，实现身体的社

会化。学习者自身与其他学习者在不同的学习氛围中,通过技术的可视化的方式,将学习到的"知"借助交流互动、具身体验、角色扮演等方式表现出来,实现身体的交互。最终构建起一个具身认知学习环境系统。

第四节 具身学习的主要形态

具身认知理论认为认知的产生不是单纯依靠大脑的加工,而是需要借助身体经验获得的,即身心一元。具身知识是借助情境,通过身体经验、身体动作学习而获得的知识。通常把知识分为显性知识和隐性知识,显性知识是指可编码为文本、语言等客观形式的知识,可以用书面形式的文字、图片、表格、公式等方式表述出来;隐性知识是指难以编码,隐含在个体主观积累的经验、思维、技能方面的知识,不能或未能明确表述出来。显性知识和隐性知识是借助显性学习和隐性学习生成的,具身学习的过程中包含这两种学习形式。

一、具身学习的显性形态

显性学习是指通过显性手段学习有关内容,通过有意识地控制进行信息加工的过程,这个过程中,学习知道所学习的内容,学会的知识能够表述出来。在具身学习过程中,学生体现出明显的显性学习特征,表现为学习的思维显性化,能通过身体动作展现自己的思维模式。

一方面,学生将抽象的学习材料通过技术和交流工具等,以显性的方式进行呈现,进而使得感官可以进行具体感知。比如学生通过特定的打印设备,将自己需要的学习工具通过3D打印技术打印出来,借助学习工具的帮助使得学生可以更好地进行感知体验,满足学习所需的直接经验。另一方面,学生将自己的理解、思维借助具身学习环境中的具身技术,以显性化的方式进行展示、阐述,从而与同伴、教师就知识概念、结局问题的思考方式等进行互动。具身学习思维的显性化可以借助多种工具展示,在具身学习环境设计时应当给予学习所需的显性化工具及具身技术。

二、具身学习的隐性形态

隐性学习是一种潜意识行为,学习者在学习过程中不知晓正在学习的内容,也不清楚自己在学习,不刻意构建假设并加以验证。通过这种方式掌握的知识很难通过语言表述出来,是直觉性知识。任何有意或者无意学习的过程都会促使隐性知识的产生,对于个体来说,大部分的学习过程都是通过潜意识完成的,比较典型的是动作和语言的学习。

通过隐性学习获得的概念表征经过反复加工,最终构成隐性知识。个体的社交、认知能力与隐性知识的生成是紧密相连的。具身理论认为学习者可以借助相应的知识环境,完成自身已有具身经验的自动化加工认知,感知的本质是身体与环境的互动。隐性知识的学习来源于身体的经验和获得经验时对情境的认知能力,具身知识则是隐性知识的基本构成,两者相辅相成。具身感知源于身体在情境中获取的经验,身体经验也是隐性知识生成的必要条件,不同的身体经验可以使隐性知识的激活产生差异。身体的活动与认知在功能上的互相促进是隐性知识转化的有效线索和干预。身体与情境交互的过程可以提升个体的认知水平,促进隐性知识的转化。

第五节　具身学习的效果认定

认知源于身体行为和心理体验的统一,学习者作为环境的一部分,在与环境互动的同时,通过环境的作用使具身行为和心理体验产生意义。在具身认知看来,认知依赖于主体的各种各样的体验,学习者的心理变化和行为方式都会对认知产生影响,进而影响学习效果。

一、具身学习的心理变化

具身学习过程中学习者个体发展体现在心理或心灵的发展,充当心理与学习环境纽带的则是身体,具身学习环境随着学习者个体认知的发展会不断进化。具身认知认为师生之间并非是绝对的主客体关系,都是认知主体和认知对象。个体在认知过程中积极主动与外界环境进行互动的过程,本质是在宣告自身的主体性。在教学过程中,教师是教的主体,学生是学习的主体。这种主体意识使学生和教师都将自己及对方视为主体,双方处于一个平等的地位,彼此可以平等交往、主动对话、互相尊重理解。这种新型师生关系可以促进学生具身学习的发展。具身学习认为,学习者对事物意义的把握需要借助于知觉感悟和切身的体验,是意义建构的过程,学习者对特定情境中自身行为、感受、思想和经验的主动反思是非常重要的环节。当认知系统失衡时,学习者应当主动反思学习进程与学习收获、对认知过程的感知和交互。

二、具身学习的行为变化

具身学习过程中,学习者在身体及感知运动系统与环境的交互中获得具身经验,在行为、行动潜能上产生积极的、相对持久的变化。身体的认知属性在这一过程中发挥了重要作用。个体的具身行为成为认知的载体。学习者的具身行为在环境中得以呈现,环境为身体的感知运动提供了物理场域,使学习者可以借助环境进行具身交互和深度体验已完成知识认知学习。学生在不同的环境中灵活采用不同的具身行为方式进行感知学习,如在虚拟场景中,学生采用观察、模拟等方式进行角色扮演,借助角色所需的隐性知识,进行感知体验,进而实现学习目标。学习者通过交互建构的方式实现具身学习。借助具身环境提供的内容载体、技术支持、人际互动等,体验知识获得、建构流转、迭代的过程。通过观察、模拟、对话的行为进行交互学习建构,使具身学习得以实现。具身学习可以帮助学习者形成迁移能力,在具身环境中,学习者逐渐具备对学习方法的掌握、自主选择学习路径、学习动机的激发和维持、保持学习意志力等能力。具身学习得益于环境提供的多元挑战问题情境,同时也使学习者在适应或改变具身环境的过程中主动面对问题、解决问题。

第六章　具身课堂的实证研究

第一节　具身课堂的项目载体

具身教学是在学生身心与教学环境高度融合的前提下，所实施的一种以学生为主体，通过听、赏、析、练、演、论、说、做等身体行动，将认知内化为自身能力的一种过程。具身课堂就是承载这一过程的教学场所。如何将专业课程的教学内容与岗位需求、技能考证相结合，凝练工程项目为教学实施任务，使课堂成为项目的具身载体，就显得尤为重要。

一、环境载体

具身课堂的环境载体，因其独特性，需利用大数据、物联网、人工智能、虚拟现实等新技术，结合职业教育产教融合、校企合作、工学结合等特点，采用"平台＋微服务"架构，建设智慧教学云平台，打通学校与学校、学校与企业、企业与企业之间的壁垒，实现多维度、全方位的互融互通，实现优质教学资源（通用教学资源＋VR/AR 资源）的汇聚和共建共享，实现以学生为中心的现代化课堂。

以工程项目规划设计、建模仿真、实施验收、运营评估为主线，可构建教学环境虚拟仿真实训基地架构如图 6-1 所示。

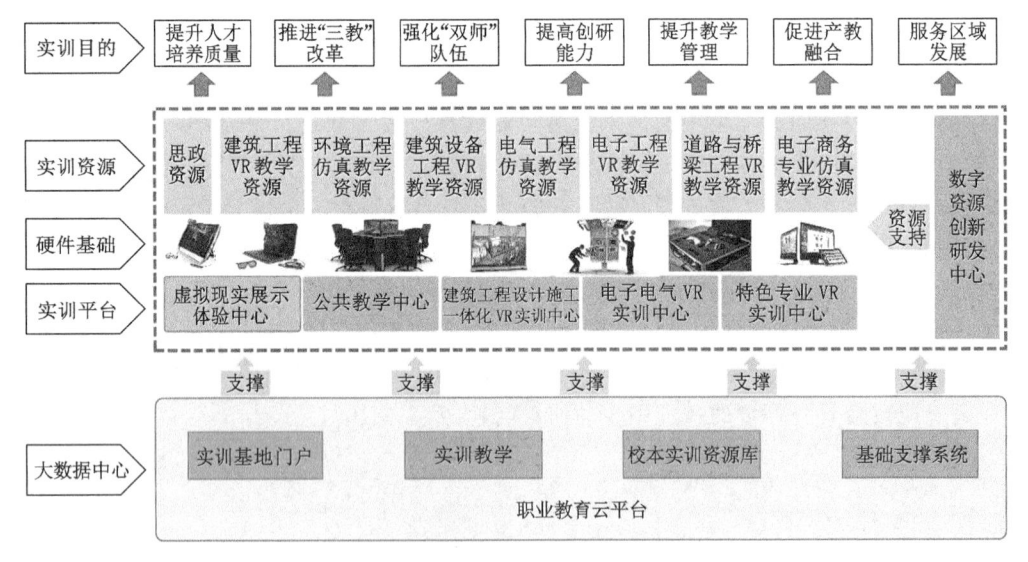

图 6-1　虚拟仿真实训基地架构图

智能化教学设施的配备，可通过仿真软件模拟创设真实的实践操作环境、操作工具和操作对象，实现人机互动，给学生带来强烈的真实性与体验感。以电子技术实训教学为例，运用三维虚拟仿真实训平台，真实地模拟现实场景，使学生从传统实践操作的单向建构转向与网络、媒体等形式的多向联结，打破了课堂环境无法提供生产车间感受的空间限制。电子实训平台具备的交互性、趣味性、共享性、实时性和多感知性的特征为学生具身认知提供可能。学生借助环境载体,实现真正的协作任务、网络对话和相互评价,既能提升职业素养亦提高创新力。

环境载体除了软硬件设施外,还包括数字化教学资源的建设。职业教育的具身课堂,是在专业骨干教师与同行专家、企业代表多次研讨、论证的情况下,建设的开放性、共享性、可扩展性、先进性、经济性和高可靠性的专业优质教学资源,是需要行业共同参与、具有信息海量存储容量、设计科学规范和使用方便快捷的大型共享型专业实训教学资源库。以5G基站建设与维护课程为例,其实训教学系统的界面上具备在线外聘工程师的求助按钮,学生可以实时访问企业工程师以获得帮助。电子实训仿真平台集自主研发的电路板在线测试仪、线上数据分析系统和电子仪器仪表为一体,在电路板排故环节,学生可以根据电路的信号走向,借助自动测试仪逐点比对电路各个节点的电压值,从而迅速找到故障点。

二、工程载体

环境载体建立后,即具备了具身教学活动的平台,要使平台与教学内容相匹配、契合项目任务,需要建立它们之间的联系桥梁,也就是工程载体。工程载体用来承载教学内容,突破教学难点,达到学习的具体化、形象化、生动化和创新化,因此,它以模型的形式存在。这个模型可以是实物也可以是以VR形式存在的虚拟物,是连接环境载体与课堂具身教学的工程载体,使教学的主体双方在具身环境中形成良性互构。学生通过项目实施,身临其境地进行阶梯式感知、认知,从而达到灵活应用知识的目的。

为了更好地构建工程载体,以专业课程教学为例,在实施时,首先要将专业课程融入实训平台,开发虚实互补的实训课程资源,形成由"基本技能模块(模块级实训)—职业技能项目(项目级实训)—综合技能系统(专业级系统实训)"层层递进螺旋上升式的实践课程内容,为工程载体的智慧化、一体化融入奠定基础。按照项目的规模与完成项目所需的知识范围,可将项目划分为三级,级与级之间能够完整、有效衔接,贯穿整个专业学习阶段。在此基础上生成的虚拟工程载体可完成交互终端,包括手套、手柄、头盔、动捕等数据的快速采集,同时根据这些数据与实训环境,本地生成三维场景,充分实现学习者的浸润式使用体验。

第二节 学生课堂的身心合一

一、课堂身心合一的现象与本质

自古希腊起,不同派别的哲学家们纷纷加入身体与心智的关系研究,从身体与心智的分离,到身体成为心智的从属或载体。身心分离的研究,使得课堂进入离身学习状态,心智成为教育的对象和主体,课堂教学呈现出单一的知识灌输模式,即教师主动传道、学生被动接受。进入20世纪,德国哲学家、现象学学派创始人胡塞尔提出"回到事物本身";随后梅洛-庞蒂在其基础上,主张用"身体体验"代替"意识体验"。自此,具身认知理论开始进入人们的视野,并逐渐作为课堂教学的典型研究范式。

以专业教学为例,课堂学习中存在多处身体感知的环节:虚实相结合的实践环境可以使学生更加全面深入地理解专业知识,人机交互的工程载体使抽象认知具体化、形象化、生动化,多学科技术手段的融合和优化,使学习过程富有安全感和归属感。因此,身心合一课堂的本质是在知情意信行统一的条件下,通过身体的多感官体验构建更加有效的认知途径,使知识得以内化和迁移。

二、认知冲突的引发与观察

1. 认知冲突的引发

著名心理学家皮亚杰指出,认知是一个不断进行有效建构的过程。在此过程中,学习者固有的认知经验与新知之间产生的差异与冲突,易使学习者产生心态失衡的现象。针对这种现象,主体往往会采取两种方式来解决,一种是将新知整合到已有的认知结构中,也就是同化;另一种是改变认知结构来适应新知,所谓顺应。所以,认知的过程就是一种"平衡—冲突—平衡"周而复始的循环。

教学实施中,教师如能不断创设认知冲突,使学生产生失衡,再通过教学情境和工程载体让学生同化或顺应冲突,重构认知平衡,则可以达到深度学习的目的。

2. 认知冲突的观察

认知冲突的优势在于能使学习者产生积思求解的情绪,并试图去排解,形成主动探究的学习方式。如在移动通信技术里,介绍5G通信网络拓扑架构时,先将其置入智能电网的场景,让学生实现某几个区的智能电表与省市级能源中心服务器,也就是智能电网管理平台之间的通信。如此实际工程问题出现在知识的生长点,一下子吸引学生的注意力,激发他们的探究欲,产生认知冲突。这时,可以引导他们进行虚实结合的网络调研,通过观察、测试等手段,发现这几个区与省市级能源中心分别使用的网络代次。在学生得出答案后,可以进行第2个认知冲突的设置,已有的网络是否可以直接进行远程通信?答案是不可以,为什么?已有的是4G网络,却不能进行该项目的远程通信,问题出现在知识的发育点,引领深层认知。学生通过区域电表数的统计和同一时间的上传显示要求,推倒出海量链接的概念,印证5G移动通信的三大应用场景之一——万物互联。在前后知识链接处再设认知冲突,4G通信网络拓扑架构与5G之间存在一定关联,5G是4G的延伸和升级,围绕区域电表的大数据对终端密集程度要求高的特点,让学生在5G网络拓扑的构建中,发现设备、编码、智能化算法等均要有所更新或升级。借助虚实结合的工程载体,通过更换不同虚拟设备或编码方式,实现大带宽传输的现场体验,在身临其境的应用中,将新知与旧知组网成系。

三、群体交互的情感与认知

群体交互中的群体是指教学主体、环境载体和工程载体。交互是指教学主体与基于环境载体所设置的教学情境、工程模型之间的交流互动。专业课程教学中,可以将环境载体与工程载体相融合,借助学校与行业龙头企业的深度战略合作,在市场引导、行业指导下,共同建设兼具"融合双创、共生共享、身心交互"等功能于一体的现代化实训平台。产教融合背景下的现代化实训平台作为一个快速发展的学习情境、工程载体,要实现在高职实训教学中的共生共享、融合创新、具身实践,必然要不断吸收新的教育教学理论给养。鉴于此,具身现代化实训平台的构建离不开具身认知理论的指导。在吸收具身情境相关研究成果的基础上,本研究提出具身现代化实训平台的构建框架,如图6-2所示。

这种实训平台的构建,是在人与平台协同互构的基础上,即人通过使用平台,获得具身认知体验,思维和情感的深层发展,平台通过与人的交互反馈,不断完善和升级。首先,校企合作共研共建集活页式教材、数字化教资和智慧化教法于一体的现代化实训平台,该平台在

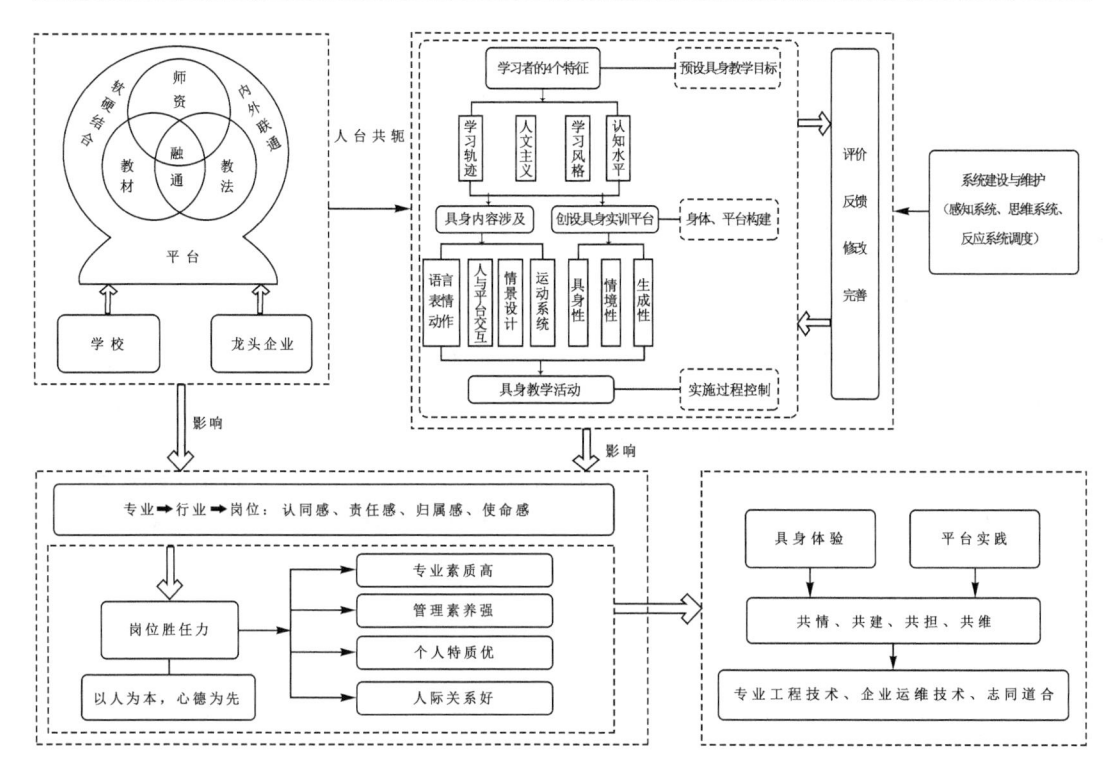

图 6-2　具身现代化实训平台的构建框架

教学中,与教师、学生一并构成彼此相互配合和影响的共同体,教师通过平台的理实一体化测试,把握学生学情(认知水平、学习风格等),预设具身教学目标,创设具身教学情境和教学内容,使学生与平台相遇。学生通过与平台、教师之间开展可感、可视、可述、可行的交互活动,动态生成新知,反馈内化为经验。

学生与平台之间,是其身体与一种非人智能体开展的交流互动,二者在相互观照和博弈中,产生具身关系。平台的智能是相对于人的自然智能,离开了这种具身关系,平台也就不具备智能,而身体也会失去感知新知的机会。身体与平台的这种共轭关系,是一种人机和谐共生、沉浸式交互的新型社会关系。在这种关系下,学生通过与老师、他人、平台的互动,产生情感、体感、心理以及生理的一系列变化,这种从接受、内化到处理、反馈的变化,正是平台赋予学习者的体验刺激,刺激越多越能提升学生与其交流互动的质量,也越能促使学生去积极探索平台承载的项目,把对专业的认同、行业的责任、岗位的归属和自身的使命,升华为提升专业素质、管理素养、个人特质和人际关系的力量,最终使整个共同体产生为他人、为企业、为社会共建、共担、共维的使命,培养一批志同道合的高素质技术技能人才。

四、信息技术时代的教学资源迭代

教学资源,从广义上看,是在教学过程中用来支撑、服务、检验教学的所有要素组合,包括教材、环境及服务系统等。具身教学条件下,教师和学生俱是教学资源开发和迭代的承载者,因此,信息技术的高度融入就显得十分重要。信息技术的迅猛发展,尤其5G应用时代的到来,使得教学资源更加体现出泛在化、智慧化、人性化和生态化的特点,其更新迭代的周期越来越短,速率越来越快。为了适应这种变化,需要做好两手准备:一是要实现教学系统的升级,软件与硬件均要实现更新换代,主要表现在设备的便携性能、大数据的传输性能和算法优化。同时,匹配的基础网络,需从原来的Wi-Fi、4G等升级为5G通信网络。二是要实现连接方式的简便,避免繁杂线路的架设和无线网络链接的复杂。教学资源的类型,因5G时代的到来,变得更加的多样化,之前多以文本、PPT、图片、动画、视频等形式存在的资源开始逐步被AR、VR、MR等虚拟现实、数字孪生或半实物仿真实训资源或人工智能、云计算等代替。这就要求服务系统具备更加强大的兼容性和交互性,让用户体验更加顺畅的服务。

五、课堂过分倾向于环境因素的争议

教学环境作为课堂不可缺少的一部分,极大地辅助了课堂教学,合理利用可达锦上添花的目的。但若过多依赖,忽视主体的认知规律和课程内容本身,喧宾夺主,则适得其反,不利用学生的深层次认知。这主要表现在三个方面,一是事事依赖,如在设置认知冲突环节,抛出问题时,若配以PPT上动画的演示,虽可以刺激学生的感官,但也存在视觉疲劳且弱化问题本身的风险,此时完全可以不用多媒体,直接让学生关注老师的问题。环境因素的加入需根据学生认知特点、身心状态、工程项目内容等有目的、有计划地进行。二是不知变通,以智能电网场景下的5G基站拓扑架构为例,网上关于5G移动通信技术的网络拓扑架构不胜枚举,若直接拿来用,虽然便捷,但脱离了项目主题。智能电网场景下的基站拓扑,其传输终端为智能电网平台而非5G核心网,因此教师要充分发挥主观能动性,依托教学任务,变化环境因素,使其与课程内容更加匹配。三是过分夸大环境因素的地位,教学实施中,部分教师认为没有PPT、不在多媒体教室、不能应用信息技术就上不了课、也上不好课,这其实已经违背了教学的基本原则和核心,传统教学手段不应有了信息化的教学环境而被摒除,应是综合各种教学因素的合力为教学主体服务,最终达到提升教学质量的目的。

第三节 课堂学习的具身研究

一、具身课堂研究的要素分析

具身教学认为,学习者的认知是其身体在与环境所进行的一系列感知交互活动中逐步形成和发展起来的,因此,具身课堂主要包括教学环境、身体感知和人机交互等要素。而专业教学的实施,教学环境已演化为实践平台、工程项目情境,由此,基于专业学科的具身课堂要素包括教学主体、实训平台、实训项目以及彼此产生的交互性等。专业教师、企业导师和学生构成课堂教学的多元主体,教师通过手势、语言、动作、感情、人格魅力等引导学生对认知的学习、迁移、内化、总结和反馈。实训平台将讯息公布、本地控制交互、远程监控交互、数据对接、智能分析决策等功能系统集成,通过工业场景复盘和自生长式教学资源体系共享,提升学习主体的参与度。

1. 身体参与度

影响具身教学效果的一个关键因素就是各教学主体在设定的教学情境下,受实训平台和自身习性制约,其身体通过视、听、触等感官和运动系统参与到教学活动中并有所反馈的程度。因此,具身实训教学的创新性在于激励教师更大程度地开发基于肢体或情感释放来操作的平台项目,使学生能在强烈的兴趣驱动下完成交互学习,生成认知反馈、积累具身经验。

(1)传统课堂身体参与度

传统的课堂教学,教师要求学生抱臂端坐,这种姿势其实给予学生身体的自由度很少,肩膀以下处于一个相对固定的状态,不利于学生通过肢体动作或身体运动参与到学习活动中,学习动机和投入度得不到满足。

(2) 具身课堂身体参与度

仍以智能电网场景下的5G移动通信网络建设为例,具身课堂教学时,任务一中教师组织学生通过身体与平台产生互动,实现前传网络的部署;通过操控键盘实现参数配置、网络切片和边缘计算技术的应用,让通信人的使命担当落到实处。任务二中,学生拖拽设备,通过选择、绘制不同连线,进行拓扑架构和功能表述,教师引导、点评,实现生生、师生与平台的自然交互,达到师生全身心参与的状态。在5G通信网络优化的过程中,学生小组合作遍历区域内所有车道,通过反复路测调整参数,直至网络覆盖指标满足要求。此时,学生一人持笔记本电脑、GPS等,一人持测试终端,围绕区域基站逐一测试,通过组员之间的肢体配合、身体位置,重构人与平台与基站之间的空间关系,不断测试信号覆盖范围及强弱,品味作为通信人的一丝不苟、精益求精的精神,使归属感内化为责任感。最后阶段的作品展示,教师以第三者身份参与指导,学生以主体姿态监测小车在养老院完成无人投递时的运行轨迹、停留位置、停留时间等,分析其投递的准确度,完成学生从最初情感上认同5G无人投递到对通信强国使命担当的情感升华。

(3) 二者比较

传统实训教学与具身实训教学的对比,如表6-1所示。传统实训,往往按照实训课题、目标、内容等顺序进行课堂教学,教师"越俎代庖"、学生"按方抓药",学生在全程"包办"的过程中学习操作方法和工作原理。这种实训课堂,因教师的"勤快"促成了学生的依赖,本应充满趣味性和创造性的实践教学活动,变成了学生手脑参与的从属性活动,忽视了学生的主体性、主观能动性和创造性。学习被看作对先在之物的模仿、表征,身体只是被大脑掌控的执行机构,这种身心的割裂充满对身体的贬抑。本书所提倡的身体参与活动,不是指学习者在课堂的恣意活动,而是在遵循教学目标、沉浸教学情境下的一种身体解放,主要表现为,学生基于实训平台投身教学活动,在与平台互动过程中进行工程项目认知的体验、内化、反馈和总结,从而获得认知建构的经验提升。这种人与平台的体感交互成为具身实践认知的重要来源,学生通过实践可产生预测、想象新知的能力。

表6-1 传统实训教学与具身实训教学对照表

	传统实训教学	具身实训教学
课堂主体	以教师为中心,强调怎么教	以学生为中心,强调怎么学
教学方法	演示法、观察法、练习法	情境法、体验法、生成法
教学目标	规范理解	体验、领悟、理解
教学过程	理论—实践	身体—平台
	问答式	多通道身体互动
	讲授—接受—应用—证明	创设情境—身体参与—身心体验—生成认知
理论基础	行为主义	具身认知
知识来源	教材、教参、教师	身—情—境
认知过程	显性	隐性

表 6-1(续)

	传统实训教学	具身实训教学
教师地位	传授	设计、引导、组织
教学目的	理解、记忆	体验、生成
教学评价	单一维度	多维、多元、形成性评价

2. 体验感知维度分析

具身教学体验维度的分析有利于感知构建和评价。本研究以此次实践案例应用为基础，通过对教学活动中的工作手册、评价展示等内容进行提取、融合、归纳，生成体验感知维度。

（1）高频词组提炼

高频词组及频次如表 6-2 所示，从频率上看，"用户""管理员""后台"等词，出现频次占比达 79.3%；从词性上看，有表示"承建""连线""读数"等基站建设的动词，有表征"在线""位置""场景"等平台功能的名词，占总频次的 58.4%；与人有关的高频词有 12 个，充分展示出"人与平台"之间的频繁联系和互构体特性。可见，"人与平台"的互构关系是对使命性元素进行甄别和拾取的必备条件，也是创新"身体—平台"多通道多维度互动的主线。根据体验类别，高频词又可归类为基于可视、可听、可感、可动几类性质。研究显示，人们从阅读、聆听、观看、视听、说写、操作等单方面获取到认知的占比分别为 1∶2∶3∶5∶7∶9，因此，基于平台全方位体验获取知识的准确率与召回率是超过任何单一通道的，其学习效果也是单一通道的教学不可比拟的。

表 6-2 高频词组及频次

词组	频次	词组	频次
业务员	21	拓扑	10
机务员	20	配置	7
线务员	11	后台	46
施工员	17	告警	6
管理员	45	场景	13
用户	41	监控	18
读数	29	在线	36
居民区	12	离线	11
连线	35	位置	31
运营商	29	上传	26
承建	9	服务器	14
平台	44	规划	10
无人车	34	标示	9
客服	27	覆盖	38
投递	37	切片	25

(2) 体验维度构建

将提炼出的表征相同概念范畴的高频词组进行分析、比较,再按照一定逻辑规律进行整理和汇集,可形成4个维度的5G基站部署的使命性体验,如表6-3所示。

表6-3 基于4个维度的5G基站部署体验

维度	范畴	高频词汇
网络规划	用户数、市场份额、站点数量	CPE、KPN、KPN CPE
工勘测量	覆盖场景、天线位置、经纬度	GPS、测距仪、坡度仪、罗盘
设备安装	工具类型、工具数量、工具名称	活动扳手、扎带、安全帽
业务配置	全局参数、线缆配置、传输网络	端口号、小区标识、速率

5G基站部署凝聚多位移动工程建设人的心血,人们于接续中进行多种技术元素的聚合,以实现物理空间的部署。以"探究5G无人投递的秘密"为项目名称,通过具身教学的方式实施任务。学生在探究5G无人投递秘密的过程中,借鉴足球运动中可以灵活部署队形的方法,类比CU和DU的不同部署方式;通过选择不同工具对虚拟站点经度、纬度、坡度等参量进行测试、分析,从而对"无人投递的秘密"展开具身认知。经历网络规划、工勘测量、设备安装、业务配置4个维度的任务,学生可以从不同范畴,如活动扳手的使用、端口号的设置,使归属感、使命感等有了具体发酵和承载的平台,在"身体—平台"互动过程中形成从认同感到使命感的递进和建构。通过螺旋上升式项目设计,不断激发身体与平台互构时的可行能力与发展潜力,让他们在沉浸式学习环境中探究工作原理、部署通信网络,从方案设计、网络架构、建设维护、评价展示等角度实践具身认知教学要素,并反复修订、完善。

3. 知识的迁移内化

总的来看,从数字化转型到产教融合路线的提出,都在为建设"具身型现代化实训平台"这一目标做准备,而实现这一目标的核心便是以生为本,对此,研究团队构建了"具身行动、泛在教育、精准评价、融合双创"的政行校企四方共建的产学研协同体。通过后疫情时代下无接触配送的情节设计,让学生共情用户、小车厂家和通信技术人员,这种基于生理和心理的具身代入,大大提升了学习者的学习动机。皮基站的网络架构、无人车行驶路径的监测等可以让学生居于室内、机房等地通过身体运动的形式完成;车上路前的地图扫描,可以让学生居于室外完成。由此,平台实现了室外和室内的联通,学生身体也不再限定于桌椅等狭窄的空间内,课堂教学成为学生思维激活和灵感迸发的主动性认知活动。多维度多元化体验式互动教学,使学生能够自然地与虚拟现实、真实情境协同工作,二者的交互反馈可以加快教师在实训课堂上的理念和模式创新,构成良性循环的具身教学生态链。平台可以根据学习内容和学习者的个人标签、行为画像等,生成个性化的学习目标。如对地理比较感兴趣的同学,在基站全局参数配置任务里,可以推荐其在世界地图上完成国家码标注,将视觉图形与通信代码相结合,使学习者在爱好中进行身体与平台的感知交互,完成PLMN代码的认知。基于平台的教学实践,可以让学生成为实施目标的主体,教师成为时空伴随者和引导者,这种新型的社会关系,来自人与平台、与伙伴、与老师的身心交互。在此无人投递的项目拓展中,学生可以自主选择想要协作的其他专业学生,如可以联合物流工程技术、汽车运用技术等专业的学生"协同工作"。通信专业学生负责低时延5G通信网络的维护,物流专业学生通过后台对整个系统实现控制,汽车运用技术专业学生主要对汽车自动驾驶技术的数据进行分析处理。还可以选择汽车电子技术专业,这种开放式组合的选择,可以使学生对于5G无人投递的应用系统和开发系统有所构建和了解,明确不同岗位的使命和责任。

具身教学通过创设身心一体化参与的项目情境,使学生通过实践形成与他人、与平台间的交互性活动,由于平台本身的具身性、泛在性和生态性,能够满足不同学生的个性化需求,因而可以全方位、多维度、立体化促进各教学主体间认同感、归属感、责任感和使命感的生成,这种新型的人际关系,体现了"身体—平台"的空间互构。

二、实现具身课堂研究的策略

具身教学的创新在于强调身心一体,突破原来以教师为中心、学生从属的"灌输式"教学,提倡课堂的教和学应该是多感官、多触觉和动觉的身体体验。本书通过阐述具身教学在专业课程中的应用,分析其基本教学要素,提炼"身体"与"平台"空间的基本逻辑与策略,为具身认知理论在专业学科的应用提供理论与实践借鉴。

1. 从学科具身走向专业具身

具身教学认为身体是认知的主体,在知识生产与再生产过程中,构建身心共同参与的全新课堂教学模式是其研究的方向。通过检索中文和外文网址,国外对于具身教学方面的研究,主要涉及医学护理、建筑、食品卫生等学科;而国内有关具身教学的研究,主要集中在基础学科、教师培训、幼儿舞蹈等方面,且主要从理论入手,真正应用到专业教学,尤其实训教学的案例相对较少。

2. 从具身实训教学的路径依赖到路径创新

具身实训教学,重视在实训过程中充分调动人的身体,使其所具备的各种感知能力在认知过程中发挥重要作用,从而使"认知、身体和环境组成动态的统一体"。国内学者目前研究的具身实训,多集中于交互式软件系统应用、人机协同,或以AR(增强现实)、VR(虚拟现实)方式构建的视觉仿真体验方面的教学研究,没有对具身认知应用到实训教学的创新路径做出具体研究。绝大部分文献仍集中在基于虚拟技术的具身理论研究或内涵研究,对于"人物"协同构建教学环境和教学课堂的部分还没有相关体现,使"身体"与"平台"形成互构的实训教学则更没有相关研究案例。本书在探索身体与平台具身关系的基础上,结合专业认知的要求,探索具身实训教学的创新路径。这不仅可以示范具身理论在实训教学中的应用,增强平台与身体互构的教学实践,也为具身教学在其他领域的创新突破提供可行性参考,为协同创新高职教育的人才培养机制做好铺垫。

3. 具身实训平台的架构

具身认知理论倡导心灵植根于身体,身体植根于环境、情境并与之交互,主张增强身体体验以提升学习效果。具身实践教学作为具身认知在专业课程领域的重要应用,强调多元主体,也就是师生在教学过程中的身体实践以及他们相互间或与教学环境间的互动并构成的具身认知体系,侧重身体与环境间的深层次互动研究。心智科学家瓦雷拉曾在《具身心智:认知科学和人类经验》一书中表示,具身认知科学的主旨是让身体的感觉运动根植于一个更广泛的生物、心理和文化的情境中。2015年,教育部在《关于深化职业教育教学改革全面提高人才培养质量的若干意见》中强调,要推动校企共建校内外实践平台,以推进校企合作育人的力度和效度,这进一步表明实训平台的具身性以及其建设的主体。

(1) 平台与身体的关系

课堂的学习本质,来源于具身认知的主体。实训过程中,主体的感知活动都是和平台紧密相关的。平台的具身性使认知回归学习者的身体,学生只有具身参与到实训教学中,才能更好地体验新知,获得认同感。这种具身参与,需要教师根据实训内容和章节地位,事先构建具身性平台项目,创造更多机会让学生可感、可视、可做。学生的具身性参与包括两个方面:一是身体的直接参与;二是间接参与。前者,学生需要在教师引导下,实施操作、获得体验;后者,是在教师了解学生文化背景、知识积累、信念理念的基础上,应用多种信息化手段,引导学生自行探索、理解新知。无论哪种,身体与平台的互构都必须以学生主动参与学习为前提。因此,教师需根据专业学科特点,选择合适的平台应用项目,吸引学生主动迁移学习,只有依据学生个性化特点开发的平台,才能更好地让学生全身心投入教学活动,有效提升学习效率。

(2) 知识与平台的关系

基于平台的知识情境,有两个特点,一是要能与平台构成情境;二是要根据产业、科技等的发展,及时获得更新。前者需要充分调动学生的积极性,参与到教学活动中,因此知识与平台组建的情境要与学生的学习活动密切相关,使学生在课堂中能够进行具身体验式学习,而这种学习活动的实现,离不开后者。二者的融合,才能使教师能够更好地根据学科特点、学生发展来创设真实情境,加快学生融入课堂学习场域。然而,企业基于知识产权保护的要求,不会把他们最先进的生产技术、设备等提供给学校,往往给教师创设情境带来困难,也使平台与身体的交互出现问题。因此,学校需要与企业加强战略合作,对接地方产业链,形成"共生共荣"的产教生态链和自生长式教学资源体系、自迭代式教学设备体系,使教师能够不断根据学生个性化特点和群体差异,建设螺旋上升式项目体系,构建逼真教学情境,让学生在强烈的代入感中完成项目任务,加深他们与平台之间的联系与互构,达到共赢。

(3) 平台与学习活动的关系

基于平台对于学习活动的影响,应构建生成性实训平台,这种生成性主要表现在几个方面。如学习过程中,学生和教师均可以创建学习空间,所有平台用户均可访问此空间,使教师与学生可以在实训内容方面实现协同创生;学生可以自主选择或创建基于平台的学习活动,不同活动可实现不同教学目标,不同学习目标与学习活动之间存在共同构建的关系。如在操作过程中,学生发现某个过程需要补充或调整,平台可提供实时编辑功能,允许其对学习内容进行修改,同时标记修改轨迹和观点,而学生通过以上操作,可以逐步完善自身的认知体系。因此,学习者与平台之间的"互构"关系是相互融合、相互渗透的,平台不同界面信息的变化,可以促使学生随机调整参与学习的方法和策略以获得具身体验。正如法国现象学家梅洛-庞蒂所说,人之所以能够认识事物的本质,正是因为他们的身体像植根于这些事物中。

(4) 浸润式教学平台营造

浸润式教学平台是线上、线下、虚实结合的实训硬件、软件和相关资源融合互通后的集合。从生态学理论的角度,平台是以学生岗位晋级为目标,辐射校内校外、行业企业,涵盖虚拟、现实和网络三大空间中的所有学习资源和技术支撑,组成的一种互通互融型学习系统。学生通过与平台虚拟物、半实物或实物的空间互动,参与初级模块、中级项目或综合系统的实训,获得认知发展和具身学习经验的积累。平台使用大数据采集与关联技术,分析每位学生的学习信息、学习习惯、学习方法等,生成个人特征模型,推送给教师。教师通过线上和线下相结合的个人信息,依据现有学习项目、科技热点等加工后续浸润式的教学情境、教学内容等。由此,浸润式教学平台必须包含多感知系统、运动系统、场景构建系统、人机交互系统和信息化系统等,以最大限度地激发学习者的身心反应。这种平台的塑造,是在具身认知理论的基础上,基于学科科学、人机交互、空间环境、系统集成、5G 网络设计研究的新领域。

第四节 具身课堂的实证分析

基于平台的具身教学是在虚实结合的情境下,营造体验性情境,易于学生感知、学习、思考、研判,通过人与人、人与平台之间的自然交互、及时反馈,达到"身体—平台"和谐共生的一体化态势。随着信息技术的迅猛发展,实训平台的集成度和融合度越来越高,学生的认知实践将不只受自身的学习经验、知识储备、人文素养等制约,还会受到实训平台的制约。

本研究与 5G 企业合作,开发产教融合型现代化实训平台,同时针对课程内容开展基于平台和身体互构的课堂教学实践,通过创新具身教学模式,实现人与实训平台间的多维度互动,引领专业课程实训教学改革,助力区域产业结构调整;深化实践课程思政育人的格局。

一、基于具身课堂的定期观察

(一)学情与课程分析

"5G 基站建设与维护"课程是通信技术专业高职四年级的核心课程,该课程是在"4G 基站建设与维护"的基础上升级而来的。其理论知识包括 5G 网络建设与部署、5G NR 关键技术、5G 系统规划等,在彰显通信技术综合性和前沿性的同时,也凸显了其深度性和枯燥性。由于通信专业的学生将来接触的是众多子系统构成的复杂系统,岗位对胜任者的技能操作水平要求较高,而商用 5G 基站设备因为"进不去、动不了、价格高"等特点,往往不能"亲自上阵"让学生体验其性能和操作步骤,课堂合作互动和自主学习氛围难以营造。

本次具身教学案例围绕第五代移动通信系统下的 5G 系统网络架构这一内容,结合"使命感"在通信技术学科的赋能,开展专业实践课堂的具身教学。以 5G 助力无人投递、营造疫区智能化场景为情境导入,引导学生理解 5G 低时延在特殊时期满足生活需求中所发挥的作用;同时以企业员工身份的代入强化学生身心体验与其情感归属,归纳出"超高速率"和"超低时延"传输的技术价值。

1. 学情分析

参与教学实践的学生来自通信技术专业高职四年级,共 38 名,平均年龄 17.8 岁,经历 2020 年全国疫情时,均在不同区域体会了"封城""居家""无接触配送"的重要性。5G 的超高可靠超低时延通信(uRLLC)场景下有多种业务类型,比如远程手术、无人车队等,而真正实现无接触配送的是无人驾驶的投递车,通过无人车在公共道路、封闭园区等地的投递服务可以最大限度地降低人员交集造成的潜在感染风险。将 5G 技术凝聚到"5G 车"上,使"5G 车"成为实训平台硬件配置的一部分,如此,平台的数据配置、功能调试、成果验证等活动都被赋予了 5G 通信人的使命与担当。

2. 多通道教学内容的呈现

根据"探究 5G 无人投递的秘密"这一课程实践,可以归纳出具身教学的实践步骤和主要因素,具体实施流程如图 6-3 所示。

第六章　具身课堂的实证研究

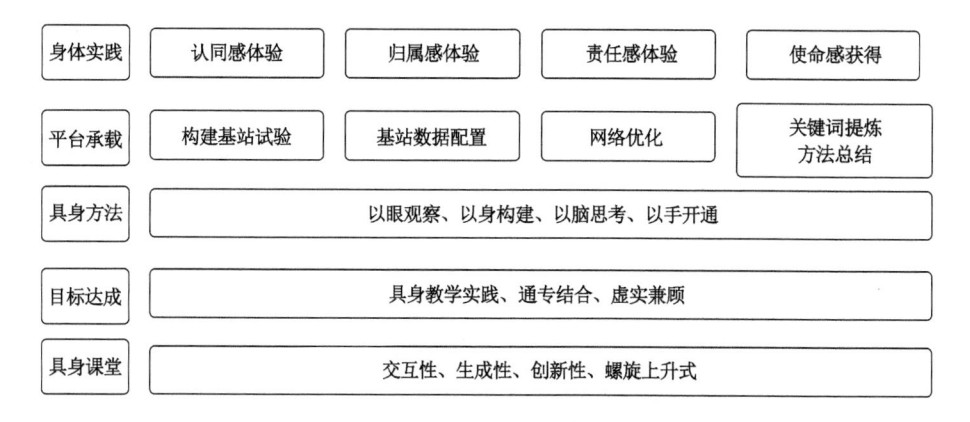

身体实践	认同感体验	归属感体验	责任感体验	使命感获得
平台承载	构建基站试验	基站数据配置	网络优化	关键词提炼 方法总结
具身方法	以眼观察、以身构建、以脑思考、以手开通			
目标达成	具身教学实践、通专结合、虚实兼顾			
具身课堂	交互性、生成性、创新性、螺旋上升式			

图 6-3　实施流程图

本实践通过项目任务、实施方法和教学目标的设定，形成螺旋上升式智慧化项目体系，激励学生以积极主动的、充满活力的、有感情的、有逻辑的方式全身心投入实训，通专结合、虚实兼顾，充分体现了具身课堂交互性、生成性和创新性的特点。第一个任务，调动学生的多感官系统，进行情境化的角色扮演，通过感官和肢体运动组合的具身教学，使学生于体验中反馈，并能对其完成的情况、遇到的问题和解决的方法进行具身表述和分析。经此沉浸式体验，可以激发学生对新型、灵活网络架构设计的愿望和思索。第二个任务，平台根据之前搜集的学生的个人信息和特点，为其推送学习路径。例如，对于有探索精神的同学，可以让他们直接在平台的沙盘中勾勒 5G 通信网络的架构，通过身体与基站、SPN 等设施角度、位置的变换，清晰展示学生脑海中所想象的 5G 通信流程和意象营造，在营造中更加明确组员与组长的关系划定，促进学生产生团队归属感。通过学生对每个组成部分所赋予的功能描述，锻炼他们的思考、观察、建站和开站的能力，也完成他们对岗位多重胜任力的认知。第三个任务，分组合作具身完成网络基础数据的配置，通过组内交流和组间对比分析，感受自己与他人部署 5G 通信网络的差异，延伸对于通信工程技术岗位职责的理解与把握。最好一个任务，是网络优化及评价。学生通过眼、手、脑协调，测试信号覆盖范围和质量，并对数据进行分析，生成全网优化方案。平台综合学生的学习情况，生成学习评价。学生身体与平台融为一体，平台承载学生的情绪变化，学生感知平台各模块的逻辑关系、组成结构，最终在总结归纳中完成对通信使命感的构建。

（二）课堂观察与解析

具身课堂的主体与客体之间相互关联、相互构成又相互促进。学生是课堂活动的主体，教师制订教学计划、创设教学流程，与教学平台一起为学生认知提供服务。本次从自主探究、引导分析、训练检查和评价拓展等方面，关注教师的教、学生的学和成绩的评。基于具身课堂的身心一体、手脑互动，让身体感官体验刺激心理反馈，为认知内化为经验提供路径，心理的反应又可以加深感官体验，二者相辅相成形成良性循环。具身课堂所具备的情境性、交互性、体验性和生成性功能凸显。学生的认知成为身体与平台交互的结果，彰显二者的耦合性与互构性，呈现出一个不可割裂的共同体。

1. 课堂观察

通过多次观察课堂现场和课后教学录像，统计教师、学生以及其与平台之间的互动所经历的时长,并通过软件分析数据发现,师生与平台互动用时平均为 15 分钟/课,占比达 33.3%。生生与平台互构用时为 27 分钟/课,占比 60%,教师单独用时占比 6.7%。可见,教师主导、学生与平台互构凸显学生主体地位的课堂已昭然若揭。

课堂中,学生在教师主导下,进行小组探究式学习,时间分配合理。以智能电网的拓扑绘制为例,学生自主构建网络拓扑的时间分布如图 6-4 所示,先通过手脑的配合,调取 SPN 软件平台中的设备和器件,完成智能电网的 5G 移动通信网络拓扑架构的构建,针对拓扑逻辑连接的难点问题,反复试验。最后根据信号传输的流程,推导拓扑架构的原理。由图 6-4 中时间占比可见,重难点突出。

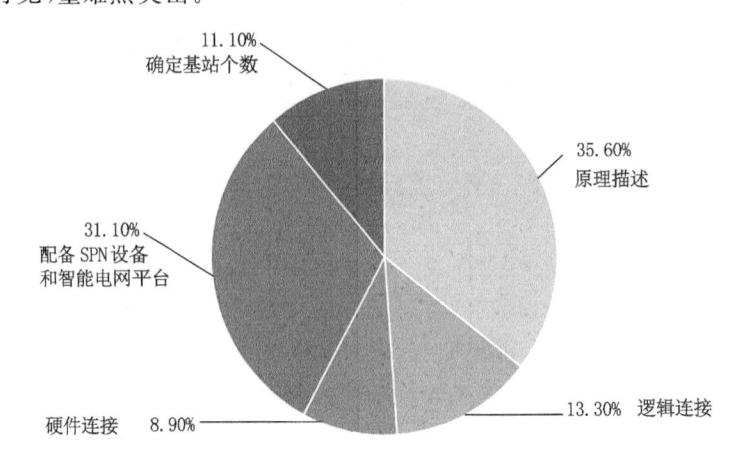

图 6-4 学生自主探究时长分布

教师对学生进行激励、诊断、判别、发展性等不同层次的应答(以上述课堂为例)共 58 次,其中激励性话语占比 23.37%,诊断性占比为 19.96%,判别性占比为 21.47%,发展性占比为 31.28%。可见,发展性应答和激励性应答占比较大,学生的探究学习是成功的,提问内容目标性和积极性次数最多,使老师的应答更加具备方向性。从学生提问的类型发展,也可以看出,他们的具身学习已由浅入深,科学思维逐步具备。

2. 观察解析

专业课堂倡导教师从学生学情出发,依据课标和人培、对接岗课赛证任务要求,创设可感、可行、可视等于一体的教学任务,让技能等级证书中的新技术、新方法浸润课程内容,实现实践学习的定位定序定型。以"物联网项目实施与规划"课程为例,学生通过三段(课前、课中和课后)六步式(探究、分析、训练、检查、评价、拓展)教学,充分调动学习兴趣,沉浸现场调研和库上视频,转嫁客户需求为项目方案设计,树立高度的责任心;通过选型相应算法的传感器,引入行业高精尖设备,实现参数的精准测试;借助物联网云平台,开展系统安装调试的竞技,正规范、正方法;最终,完成"1+X"考证,强技能、增素养。

课堂观察是为了让教师更加智慧地教,学生更加有效地学,在与平台的互构中,形成师生、生生、人机之间的交互、反馈与融合,使课堂教学效益最大化。这种理论指导实践、实践又反作用于理论的探索方式,使教师发展与学生素养提升融为一体,教师对于整个教学环节的设置、内容范式、评估策略,学生对于知识的获取、加工、迁移、内化等,都离不开具身平台的参与。教学主体均可以从具身活动中获取素养的提升和技能的提高,重塑课堂教学的典型研究范式成为可能。

二、基于具身课堂的教学诊断

传统课堂的教学诊断,多以专家或督导课堂听课的方式记录教学情况,评判教学质量,主观分占比较大。具身课堂实施后,课堂教学诊断的方式可结合平台记录的过程性资料及其评价结果,进行智能评价。专业课程的具身教学中,采用多元评价,通过定性与定量、过程与结果等形式,从知识传授、技能演示、情感态度等方面进行过程性诊断,全方位、多角度进行学情和课堂诊断,为教学决策提供必要的依据,如表 6-4 所示。

表 6-4 教学诊断表

诊断项目	细分指标	指标具体内容及定义
课程目标与内容的融合度	课程目标的契合度	知识目标、情感目标、能力目标与岗课赛证的融合度,具身情境创设的合适度,学生科学思维和创新意识的养成度
	课程目标的整合性	各模块、任务及其相互间的相承性、内在逻辑性,结构的合理性,主题的突出性
具身课堂中学生的主体性	自主性	学生自主学习空间和时间的考察,合作、探索、反思、感悟的程度,客观自我评价、评价他人和认识社会的能力提升度
	主动性	身体参与的程度,对复杂问题进行正确判断、处理的灵活度,在职责范围内准确选择行动方案并进行评价、决定的程度
	创造性	处理事务时,运用新思维、新方法提高工作效率
深层次学习方式的追求	对话互动性	对话质量和数量,教师语言生动性和开放性的程度,学生探究、分析、归纳、反演工作任务逻辑关系的本领
	合作探究性	学生与他人相互配合及协作的程度,生生、人机共同体互构的深度
工作绩效	目标达成度	工作目标达成情况
	工作量	如期完成工作任务量
	工作质量	学生认知内化、反馈的程度
	学生满意度	根据学生意见反馈

第七章 具身教学的未来展望

第一节 基于人工智能的具身

具身课堂中,学生的认知是一个动态变化的过程,是身体、心智与环境耦合出的一个动态复杂的自组织系统。可见,环境的作用是至关重要的,而环境是除了人体之外的一切因素的组合。

一、智慧教学

专业课程的智慧教学,在教学环境方面,可构建智慧教室,并且开发相应的软件平台,通过智能化的设备和软件辅助学生完成学习。在教学方式方面,可以实现线上、线下教学两手抓的模式,学生可通过线上网络教学实现知识的获得,并且通过在线与同专业学生交流,实现信息的共享及知识的构建。同时,利用线下教学,让学生提出问题,并通过交流讨论解决问题;教师给出评价和总结,提升学生学习的广度和深度。

在教学资源方面,教师主要完成线上、线下资源的整合,能够根据社会的发展及时更新知识点和相关资料。利用 VR 教学系统,打破硬件系统的更新弊端,构建智慧教学环境。传统专业课程采用理实一体化教学时,往往需要大量的硬件设备作为支撑,尤其是工科专业,而硬件设备更新速度无法满足新技术的更新速度一直是难以克服的问题。VR 教学系统可以很好地打破这一弊端。

采用虚拟现实的模式,运用三维模拟仿真系统,利用现代信息化手段,充分还原声感、光感和触感等,让使用者可以身临其境地感受硬件设备,并完成相应操作。同时,可以紧跟技术快速革新的步伐,随着新技术的发展,开发者只需对系统中的情境和相关操作流程进行修改,专业课程的实践教学再也不用为更换硬件设备的高额费用以及旧设备无处安放而烦恼。VR 系统还可以高准确度还原许多企业的真实生产和操作环境,让学生能更贴近企业,提前接触企业的相关工作模式,有利于学生毕业后与企业的对接。VR 系统在操作过程中还可以完成全过程的视频录制功能,这就有利于实训教师更好地掌握学生实训的整个过程,从而做出过程性评价,针对学生出现的问题,更加有针对性地指导。学生也可以在课下多次观看自己的操作过程,在反复推敲中加深操作印象,同时有利于寻找在操作过程中出现的细节性错误,打破传统实训课堂"一遍过"、不注重细节,以及教师课堂效率低,无法关注每一个学生,无法对学生做出全面评价的教学弊端。

1. 实施路径

以南京高等职业技术学校为例,在政府主导和行业指导下,通过科研机构引领、高校智库支持,校企双方加深产教融合,企业与学校共同设计完善产品库和实训项目,双方互联共建生产性的校内、校外实训平台,让教室与车间实训相匹配,学生以企业员工的管理模式进行实训,充分挖掘学生的创新能力,提升他们的职业素养,真正实现产教融合;同时加大投入创新创业专项资金,充分利用企业资源开发创新创业成果。以校企共同体作为主体,多方位拓展校外实训空间,建设新型学徒制合作试点,供毕业班学生进行生产性实训。产教融合型现代化实训平台实施路径如图 7-1 所示。

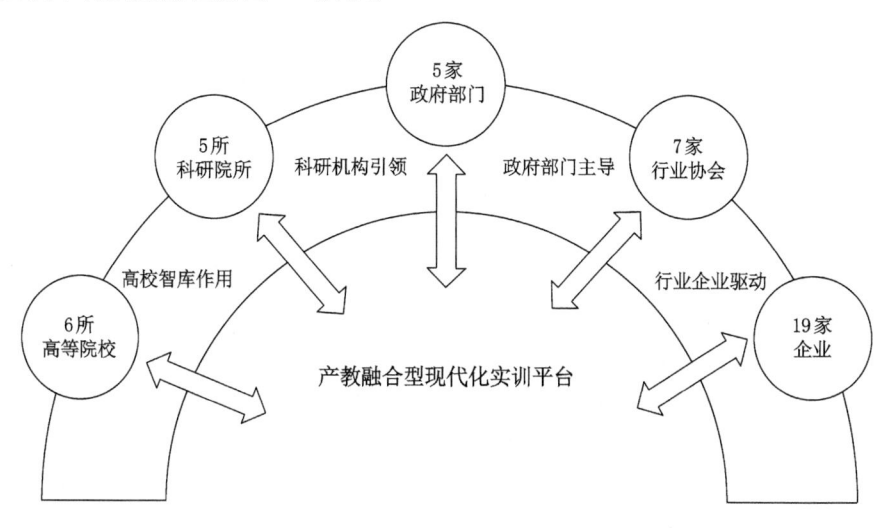

图 7-1 产教融合型现代化实训平台实施路径

2. 智慧教学平台的内涵明晰

在教育信息化 2.0 时代,基于专业实训教学的"四位协同"产教融合现代化实训平台如图 7-2 所示。

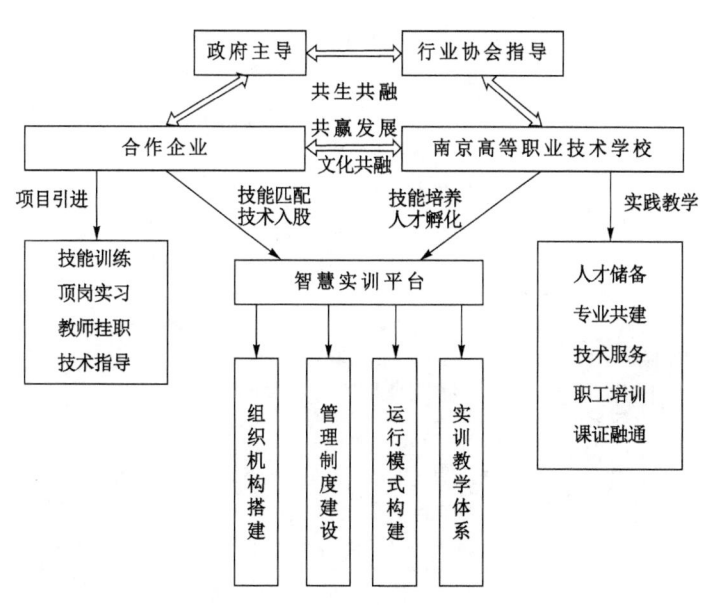

图 7-2 "四位协同"产教融合现代化实训平台

"四位协同"是指在产教融合背景下,实训基地实现投资主体多元化,"政府、企业、行业协会、学校"四方共建实训基地的一种机制,其具体模式是政府主导、行会指导、企业参与、学校实施。四方主体在权力平衡与责任约束下不断调整利益关系,实现资源的最优配置,使现代化实训基地高效、可持续发展。

二、精准评价

依据智慧教学的基本特征、教学结构要素,面向学生个性化学习以及深度学习的需求,可构建智慧教学评价的基本框架。基于该框架可设计教师智慧教学能力评价的指标、学生智慧学习能力评价指标,最大限度地挖掘学生潜能的同时,也促进了教师智慧教学能力的发展。以通信技术专业学生为例,其精准评价指标设置如表 7-1 所示。

表 7-1 精准评价指标体系

一级指标	二级指标	三级指标(观测点)
职业素养(A)	职业认同与期待(A1)	1. 个体有自己适应、社会需要的择业观; 2. 有阶段性和终极的职业目标追求与梦想; 3. 有全身心投入的职业行动理念; 4. 能认识自己在企业链条中的价值,勇于承担责任; 5. 尊重别人、学会宽容及经常审视、澄清自己的职业价值观
	职业生涯规划(A2)	1. 职业生涯规划的目标与措施一致,与企业的目标协调; 2. 全面分析和评价自己的优缺点,全面了解职业与职业环境; 3. 在实践中不断检验、纠正职业生涯目标
	职业道德(A3)	1. 具有勇于担当、绝对忠诚的可靠品质,尽忠职守; 2. 有爱岗敬业品质,热爱本职工作,以积极主动工作热情对待自己职业; 3. 具有恪守职责的品质,不偷懒马虎、敷衍了事; 4. 具有诚实守信的品质,言行一致
	职业情感与态度(A4)	1. 具有恭敬、严谨的职场态度,勤勉踏实; 2. 有奉献精神,有认真、勤奋、刻苦的工作态度; 3. 认真履行义务,具有尽职尽责、一丝不苟的行为表现; 4. 具有好奇心和求知欲,能主动学习、不断上进、持续发展; 5. 能不断加深对职业的认识,不断完善自己的职业性格
	身体素质(A5)	1. 具有与从事岗位相适应的身体素质; 2. 具有一定的运动爱好,积极对待体育活动
	职业兴趣(A6)	1. 具有积极、稳定的职业兴趣爱好; 2. 具有广泛的职业兴趣爱好; 3. 具有切实的职业兴趣爱好
	责任意识(A7)	1. 能尽职尽责地做好本职工作,善于担当; 2. 避免工作中职责链条的断裂,乐于担当不抱怨; 3. 能对个人行为负责; 4. 遇到问题时主动担当不推诿
	质量效益(A8)	1. 具有质量意识和节约意识; 2. 自觉防止短视利益行为; 3. 克服不良心理对工作质量产生的负面影响
	服务主动性(A9)	1. 主动改善服务态度,提供满意服务; 2. 从细节处体系周到、优质的服务,正确对待客户的抱怨与投诉; 3. 避免消极应付顾客,机械工作

表 7-1(续)

一级指标	二级指标	三级指标(观测点)
职业素养(A)	法律规范(A10)	1. 遵守法律法规; 2. 遵守职业规范和生产操作规程; 3. 具有遵守合同和契约的意识和习惯; 4. 具有维护正当权益的意识和习惯
	服从大局(A11)	1. 正确处理好工作中的全局与局部的关系; 2. 能处理好工作中集体与个体利益的关系; 3. 处理好个人与组织、上级与下级的关系
核心职业能力(B)	团队合作能力(B1)	1. 正确认识自我对于集体的价值; 2. 学会资源共享,让团队整体健康发展; 3. 处事时能与他人良好地协同工作
	协调沟通能力(B2)	1. 能认真倾听,善于提问; 2. 认真思考,仔细观察,正确运用书面或口头语言沟通,清晰表达; 3. 掌握合适的语言表达方式和技巧,了解语言表达的禁忌要求
	信息处理与学习能力(B3)	1. 信息意识和终身学习意识,明确表达信息需求和分解复杂信息任务; 2. 迅速确定搜索信息的策略,找到合适的信息搜寻方法; 3. 对职业信息有敏感性,具备筛选、甄别、归类处理事务及综合分析有效信息的能力; 4. 有较浓厚的学习兴趣和良好的学习习惯,具有明确的学习目标、规划和自我学习的策略; 5. 善于寻找、把握学习机会,有目的、有选择地学习,讲究策略、创新性地学习
	语言应用与动手操作能力(B4)	1. 能正确表达自己的思想和信息; 2. 熟练操作设备和工具,具有实际动手处理工作中常见问题的能力
	创造思维能力(B5)	1. 喜欢深入剖析问题; 2. 有独特的见解和想法; 3. 有与众不同的解决问题的策略
	问题解决与执行能力(B6)	1. 发现、界定并客观分析问题,抓住问题的中心明确分解问题解决目标; 2. 针对目标提出备选解决方案; 3. 科学选择、安排解决方案,制定实施计划,按时顺利地完成各项任务; 4. 有效评估解决方案并提出改进措施; 5. 能迅速反应、尽职高效地执行任务
	适应与耐挫能力(B7)	1. 尽快实现角色转换,正确认识和适应新环境; 2. 正确认识自己的企业和岗位环境; 3. 积极对待学习生活中的失败与挫折,踏实为人
	自律与自控能力(B8)	1. 良好的时间管理与计划能力; 2. 会转移、自我调节自我的不良情绪; 3. 遇事冷静,有条不紊
专业素质(C)	专业知识(C1)	掌握从事本职岗位的专业知识(基础知识、业务知识、关联知识)
	专业技能(C2)	掌握从事本职岗位的专业技能

精准评价针对学习过程中的探、析、练、查、创、改等方面,将信息化技术与教学环境、管理等相结合,实现教学规模化与个体特色化的统一,发挥过程性评价与训练测试相统一的针对性评价,让高素质技术技能人才的培养落地。依托智慧化教学体系,让现代化实训平台超越封闭的物理空间和固定的时间限制,真正走向了虚实融合、线上线下融合的无边界学习、评价场域,充分体现了"以学生为中心"的个性化教育。

以电子实训为例,电子实训排故教学流程如图 7-3 所示,系统可以自动分析学生在排故过程中的答题、操作、搜索内容等信息,记录他们的排故方法、排故路径,生成他们的能力专长。

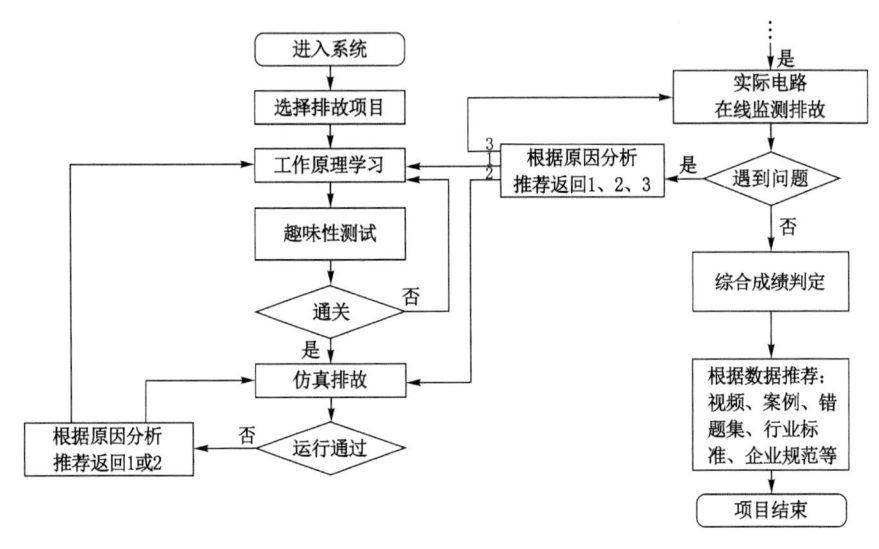

图 7-3 智慧化电子实训排故教学流程图

如图 7-4 所示,平台系统同时对学生在实训过程中的学习动态进行科学分析,对学生的职业道德、职业素养、职业能力和职业操守等进行客观评估和记录。如可对学生实操过程中的操作步骤、使用工具、搜索内容、答题轨迹等信息进行评判,生成学生自画像,既实现学生学习轨迹的可查可思可判,也为企业引进人才提供重要参考依据。

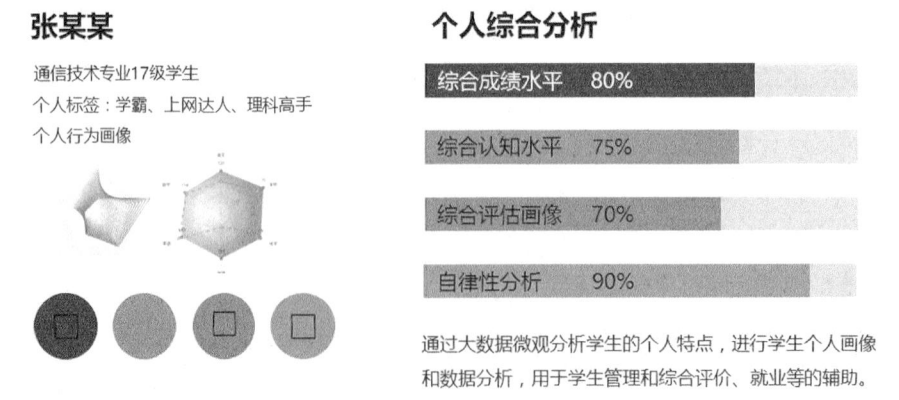

图 7-4 学生实训过程综合评估分析

三、产教融合

产教融合是指职业学校将其开设专业对接地方产业,将产业链、教育链、人才链、专业链和创新链紧密结合,五链并举,形成校企深度合作下的办学模式。

以南京高等职业技术学校为例,为适应地方转型升级的需要,培养适合大数据、人工智能等新一代信息技术发展的技术人才,学校在政府宏观统筹、调控规划与引导下,以轨道交通、智能制造、软件和信息服务等特色产业集群为服务对象,紧密围绕南京八大产业集群的产业链经济发展,形成建设学校品牌特色专业和专业群为核心的空间集聚。将专业集群对接南京产业集群,将专业集群中的专业群(如电气自动化技术专业群)对应产业集群中的产业链环节(工业互联网、云计算和大数据),全力打造培养、孵化技能人才的开放性、安全性、高效性现代化实训平台,为该产业集群服务,以"群化"的方式培养集成电路、人工智能、轨道交通等南京八大产业所需要的人才,从而形成网络优化、工程督导、接触网检修、电梯安装维修、网络营销等岗位聚集的人才链,促成教育链、专业链、产业链、人才链与创新链的全面联通与对接,为地方经济发展创造更大价值。

第二节 具身学习的遐想

一、智慧教学与具身学习

智慧教学的前提是智慧教学平台的建成和智慧教学模式的匹配。

智慧教学平台主要由用户层、应用层、资源层、基础层、技术层、设备层等多层组成。用户层主要面向校内教师、学习生,管理人员、校外上级主管部门、企业用户、外部个人用户等分别提供相关 VR 教学服务。应用层主要面向不同人员与角色,提供整个教学平台的实训管理(实训室管理、设备管理、预约等)、虚拟仿真资源共享(资源导入,编辑、授权等)、VR 教学(备课、授课、线下/线上学习等)、仿真实训(练习、考核)、实训诊断与分析(课程诊断、教学分析、成绩分析等)、产教融合(招牌与就业、校企合作)等相关功能。资源层主要负责资源的管理具体包括教学资源(3D 场景资源、3D 模型资源、课件、图片、音频、视频等资源)和 VR 仿真实训资源(VR 资源、AR 实训资源、数字孪生实训资源、半实物仿真实训资源)等。除此之外,实现与第三方资源库的对接,具体包括国家级教学资源库、地区级教学资源库、其他学校资源库等。基础层主要提供统一数据中心、统一身份认证、统一门户平台、统一标准接口等相关服务。除此之外,可实现与国家"1+X"证书系统、国家学分银行系统、智慧校园系统、实习实训管理系统等的数据对接。技术层的虚拟仿真实训管理与资源共享平台涉及技术面广泛,主要底层支撑技术包括资源交互与兼容技术、跨平台多终端适配技术、VR 快速开发工具、大数据采集与挖掘技术、云渲染技术、云计算技术等。设备层主要包括多形态 VR 设备以及文件服务器、数据库服务器、应用服务器、网络设备、渲染 GPU 服务集群等。

可见,在智慧教学环境下,学生的具身体验学习,可以以更加契合和自然的方式沉浸到课堂活动中,通过人机交互、动态化演练,可以最大限度地实现具身学习的耦合性、交互性、主体性和多元性。依托教学平台,运用生态学理论,在政府主导、行会指导、企业参与、学校实施的模式下,实行实训基地理事会领导下的分级运营管理,让供给端和需求端对接,使学生岗位晋级、企业技术提升、学校对标指导、政府行业需求、技能标准认证均集聚到平台生态链,最终形成"共生共荣"的平台生态环境,有效解决了资源和利益不能共存的问题。实训平台生态系统如图 7-5 所示。

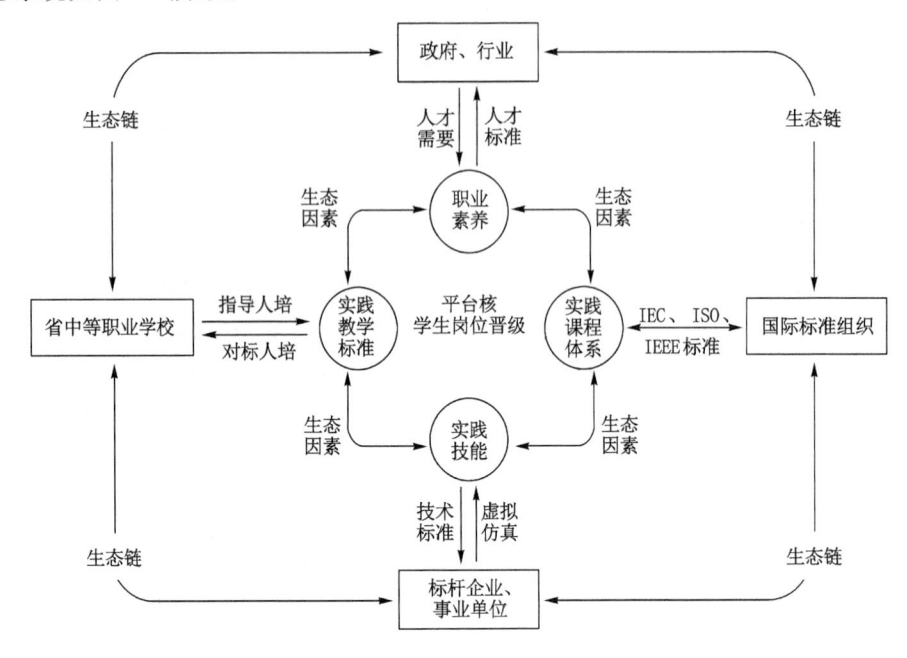

图 7-5 实训平台生态系统

二、精准评价与具身学习

具身学习具备超越封闭物理空间和固定时间限制的特点,是真正走向虚实融合无边界学习。学生通过身体活动参与到具身教学情境中,通过行为认知和内化反馈生成新知,从而引领心智的进阶化发展。学生通过与平台的不断交互、感知,建立新旧知识之间的同化或顺应,构建认知体系和自我评价体系。自我评价除了来自自身的感受,还包括平台给予的过程性评价,而这种过程性评价是在具身学习活动中产生的一种精准评价。因此,具身学习是精准评价产生的前提。

精准评价指标在设计时,需侧重学生可感、可听、可视、可行等多维感官体验上的内容,以考查学生具身学习效果为目标。如在情境创设环节,可侧重考查学生主动交流讨论、与他人合作探究意愿程度的指标,观察其捕捉、分辨、转化有用信息的能力,并将其项目甚至课程实施前、实施中和实施后的这几项能力进行对比,通过不同时间节点来更加精准判断其在具身情境中的学习效能。这种愿意与他人交流、协作的能力提升,亦可反映出学生自身素养如语言表达能力、与人沟通能力、发现新事物能力等的提升幅度,使精准评价涵盖了综合评价。

三、产教融合的具身学习

产教融合,是指校企双方在秉持"发挥优势、相互促进、长期合作、互利共赢"的原则下开展深度合作,依托职业教育政产学研联盟,打造政行校企共享实训基地,服务区域经济及职教生态圈,培养专业人才,创建和谐共赢局面。政府方面负责争取政策及资金,争取社会培训项目资金,建设实训室;行业方面主要为专业建设作指导;四方达成专业联盟,共同建立实习实训基地作为示范型共享产学研用实训基地,可作为下岗工人再就业培训、退伍军人培训、社区人员培训、社会培训、技能鉴定培训、产业扶贫培训以及兄弟院校实训。

具身认知认为身心一体，离开身体的心智和认知都是不存在的。课堂教学应发动一切力量，调动身体全面参与认知活动。而在产融融合的大背景下，以南京高等职业技术学校为例，在项目实施前，需要教师根据产教融合型现代化实训平台上的教学资源、学生学情调研，制定三维教学目标，创设具身教学情境。项目实施中，学生身体与平台形成互构，在教师引领下，通过读任务、析需求、定方案、选设备等一系列可行、可表、可赏的具身活动流程，运用"感知—内化—迁移—反馈"方法，使学生探究式完成训练和检查的项目内容。项目实施后，根据现场路演结果，评价优化系统设计，教师反思教学方法，为下一次教学提供可分析数据和具身经验。这是产教融合背景下的具身教学流程，可反复循环使用，充分体现以身体参与、身心感受于一体的物理和文化属性。

第三节 具身研究的遐想

一、学生主体地位的凸显

具身课堂学习中，学生会不断积极地与教学环境、教学平台、其他主体进行语言或身体的互动，并在这种交互中以自己的主体意识持续展示自己的主体地位。传统以教师为主体地位的课堂已一去不返，具身教学理念强调学生身体的参与，通过感官执行等来获取新知，全面挖掘学生的潜能，让学生在人机互动、协作中完成项目任务，达到提升课堂效能的目的。具身课堂中，教师需要为学生创设一个可感知的教学情境，让学生沉浸其中，通过手脑协调、动思结合来展示自己的才能，使学生真正成为课堂的主人。

教师秉持具身教学理念，顺应科技发展要求，将学生的死记硬背转向主动探究，将一切可以通过学生自身活动探索出的新知，全部设置为身体活动，给学生思考、分析、判断的时间，激发他们的学习热情，将课堂接续的接力棒交到学生手中。在专业教师指导、双创导师辅助、学生勤练、驻校企业导师严格把关的实践学习共同体中，实现校企双主体育人。学生利用平台交互，析需求、定方案，强实践，深化理论认知和问题分析水平，解决教学重点。结合教学平台上的实操体系，学生探原理、研问题、勤练习，突破教学难点。教学策略的转变，为最大限度地激发学生学习的主动性和有效性，凸显学生的主体地位而服务。

二、具身干预研究

本书的具身干预主要是研究具身专业课堂教学中的策略，提供改进的方法。在基于具身课堂现状调研的基础上，分析其得失，并将经验再次作用于教学，观察其实施结果。

为了验证具身课堂条件下学生专业技能提升的成效，需要在学习过程中开展系统性测试和评价。该测评包括认知前、形成性和归纳性测评。鉴于理实一体化的教学，要完成这种测评，最宜在一个综合性的项目中实现。该项目涵盖之前所学知识点，且情境设置可以让学生通过具身体验获得认知，最大限度还原了学生的学习环境，应该是最有效和直接的方法。还可以通过对学生课前、课中和课后的学习效能进行纵向比较，根据每一阶段的评测结果给予相应的干预建议，并及时收集数据，分析干预后的结果，以验证效果。由于学生的学习兴趣、学习态度和学习动机都会对学习效能产生影响，因此，需要多维度建立干预机制，多方位评测学生是否因项目不同产生认知负担、是否因自我评价产生问题障碍，等等。

如可就具身课堂的情境性、参与性、感知性、交互性、沉浸性和生成性制作调研问卷,全面了解学生具身学习的身体感受与个体情绪。

较传统教学而言,具身教学更注重人与人、人与平台间的相互作用与反馈。本书创新之处首先在于,将"高不可攀"的 5G 基站建设与生活中的物品投递相结合,生成可感知、可操作、多通道体验式工程项目,提升学习者对项目的驾驭能力,使具身教学创新传统实训有了应用型案例。其次,从具身教学实践中研究出"身体"与"平台"的关系对于构建多元化、多维度、泛在性具身实训教学的意义。平台通过大数据微观分析学生的个人特点,依据个人画像和学习动态,对其职业操守、职业技能和职业风范等进行客观评估和记录,生成能力得分点,适时推送学习建议和资源给学生,训练学生合理把控学习内容的本领。教师,既可以基于平台构建更多的浸润式情境模型,调动学生的学习兴趣,还可以更加宽泛地配合手势、动作、表情等,为学生提供更多具身理解抽象概念或复杂装置的契机。

基于实训平台探索的项目——"智慧、融合、双创:产教融合型现代化实训平台的探索与实践"获得 2021 年江苏省职业教育类教学成果一等奖。

第八章　具身教学案例

第一节　案例一:5G智能小车服务系统的设计与实现

一、课程概况

课程名称	通信技术及应用	课程学时	108学时
授课专业	现代通信技术	授课班级	18级高通信班
开课学期	第六学期	授课地点	实训室
使用教材		"十二五"职业教育国家规划教材《现代通信技术及应用》(第3版),孙青华主编,人民邮电出版社2018年版	
参考教材	1+X证书制度试点教学用书《5G基站建设与维护:初级》,田敏、吴建宁主编,北京理工大学出版社2020年版		
课程设置	"通信技术与应用"课程是五年制高职通信技术专业的主干课程,是本专业学生必修的专业技能课程,是学生专业能力的重要组成部分。通过本课程的学习,学生要理解各类通信系统的技术特点、基本原理及主要应用等等,并通过应用实例掌握通信技术应用系统的搭建、通信技术不同场景下的应用。通过本课程的学习,意在培养学生了解语音编解码技术、无线信号发射与接收系统设计原则、掌握远程控制系统模块配置,学会相关模块调试方法以及掌握无线局域网的概念、局域网的组建、自动管理系统设计原则,储备5G相关知识技能,掌握5G网络建设流程,为后续从事通信网络运营维护等工作奠定知识和技能基础。 本课程设计为项目课程,根据本专业所对应职业岗位的需要,根据通信技术的实际应用场景,搭建5个项目,以完成"项目"的方式进行知识与技能的重组,打破传统的通信技术原理的授课形式,不仅有利于学生学习兴趣的提高,也有利于学生专业能力的形成		
课程分析	根据通信技术专业教学标准、人才培养方案,对接通信技术专业"1+X"证书制度,制定"通信技术及应用"授课计划,以中等职业教育电子信息类专业规划教材《通信技术及应用》为主要使用教材,参考"1+X"证书制度试点教学用书《5G基站建设与维护》,将本门课程分为五个教学模块 专业教学标准　　　　　人才培养方案		

续表

课程分析	职业标准	课程教学内容
	信雅达信息科技 基于 1+X 试点的产教融合 校企深度合作解决方案	5G小车智能化服务的设计与实现 → 5G无线网络的构建 / 5G室分系统的业务配置 / 智能小车服务系统的搭建 / 智能小车服务系统的故障调查

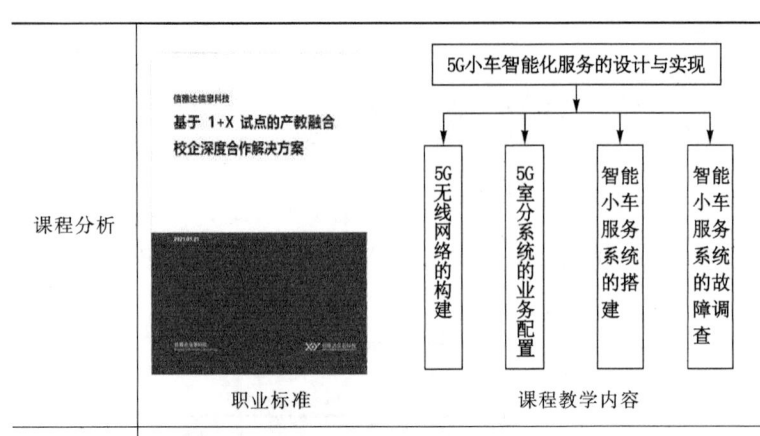

信息化资源	
	 5G仿真实训系统 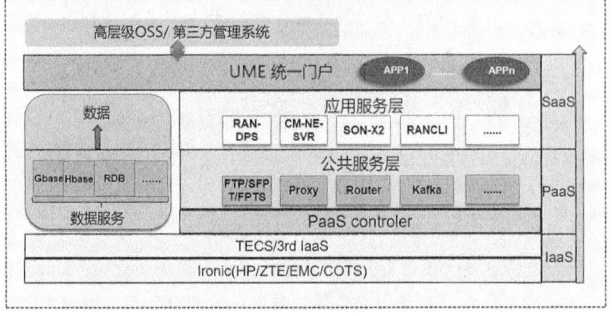
	5G 网管软件 
	云端网络平台

信息化资源	小车管理平台
	多元评价系统
课程资源	 实训设备 　　信息化资源 　　校企合作"1+X"教材

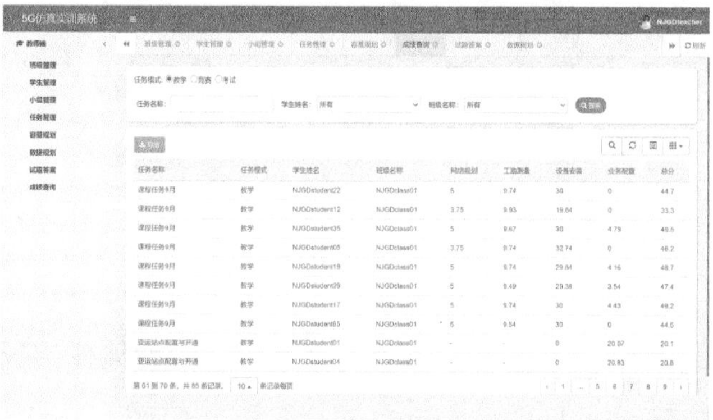

二、教学任务分块

1. 任务一：5G 无线网络的构建

（1）教学设计

授课专业	现代通信技术	授课类型	专业课/项目式教学
授课学时	4 学时(180 分钟)	授课地点	实训室
参考教材	高职高专电子信息类规划教材《现代通信技术及应用》，孙青华主编，人民邮电出版社 2018 年版；《5G 基站建设与维护》，实训校本教材		

续表

内容分析		"扶贫帮困,关爱老幼"是我们中华民族的传统美德,生活中常常需要搬运货物,例如孤寡老人独居在家生活用品,常常需要用手推车进行搬运,十分耗费老人的体力和时间。5G智能小车能够自动规划路径并循迹行驶,通过雷达扫描地图,将所需运送的物品智能定点运送到位,在后疫情时代,实现无接触配送、节省人力成本。 本课程以"智能小车"为载体,依据通信技术产品开发过程构建模块化课程体系。本次课选自任务一,对应电子与通信产品开发过程中的系统原理与设计,是"智能小车"系统项目的顶层设计,根据人才培养方案,现代通信技术专业学生应具备原理分析及通信设备安装能力。 基于产品开发过程 任务一 5G无线网络的构建　任务二 5G室分系统的业务配置　任务三 智能小车服务系统的搭建　任务四 智能小车服务系统的故障排查 模块化设计
学情分析	学生诉求	具有碎片化的专业知识,但缺乏系统化的组织,希望通过接触企业真实项目,提升自己的解决实际工程问题的能力
	知识基础	学生已经学习了"电子电工技术""通信网络概论""信息安全技术""通信网络技术""线务工程技术"等课程,具备了通信网络组建、通信设备配置、通信原理分析等基本技能,但接触工程项目较少,对项目需求分析和总体设计能力还有待加强
	个性特征	根据教学经验,学生对理论学习热情不高,喜欢角色扮演,热衷身临其境中学习,乐于互动,主动学习意识不强
	信息素养	能熟练使用实训平台,熟练使用手机等移动终端,但创新能力有待提高
教学目标	知识目标	1. 掌握5G智能化服务小车服务系统的总体方案设计流程。 2. 熟悉5G智能化服务小车的网络拓扑架构方法。 3. 掌握5G智能化服务小车的工作原理。 4. 掌握5G室分系统硬件安装及调试的方法
	能力目标	1. 能进行项目需求分析并正确完成设备选型。 2. 能够完成小车网络拓扑的架构。 3. 能够进行5G室分系统硬件安装与调试
	素质目标	1. 培养社会责任感、使命感。 2. 培养创新精神
教学重点		1. 5G智能化服务小车的网络架构和设备选型。 2. 5G智能化服务小车的工作原理。 3. 5G室分系统的硬件安装实训

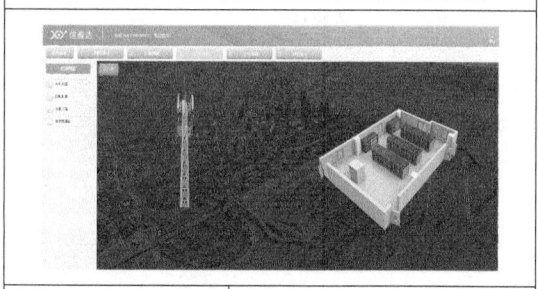

续表

教学难点	1. 5G智能化服务小车的工作原理。 2. 5G室分系统硬件安装操作规范		
教学策略	教学组织	以任务为导向,将教学内容进行结构化和模块化处理,采用虚实相结合的教学方式,将整个教学过程分为课前探索、课中导学、课后拓展三个教学环节,同时将职业核心素养和工匠精神贯穿整个教学过程	
	教学方法	鉴于中职学生理论学习普遍热情不高的现象,采用项目驱动法、小组讨论法、角色扮演法、小组PK法等多样化的教学方法,寓教于乐、寓教于情、寓教于为、寓教于学,让学生在角色体验中提升学习能力、思考能力、交流能力、技术能力等综合素质,将自主创新能力植入学生的成长过程	
	教学资源与手段	鉴于学生主动学习意识不强,教师借助智慧职教平台、个性化需求设计,通过企业工程师点评等手段,让学生多借鉴、多积累,以便突破教学重难点	
		智慧实训平台	个性化需求设计
		APV-S底盘	云端网络平台 后台管理系统
		环境准备	智慧教室、联网的实训室
		资料准备	教材、活页式教材、视频资料、任务工单、考核评分表等
		资源准备	教学PPT、企业标准、云端网络平台、智慧实施软件

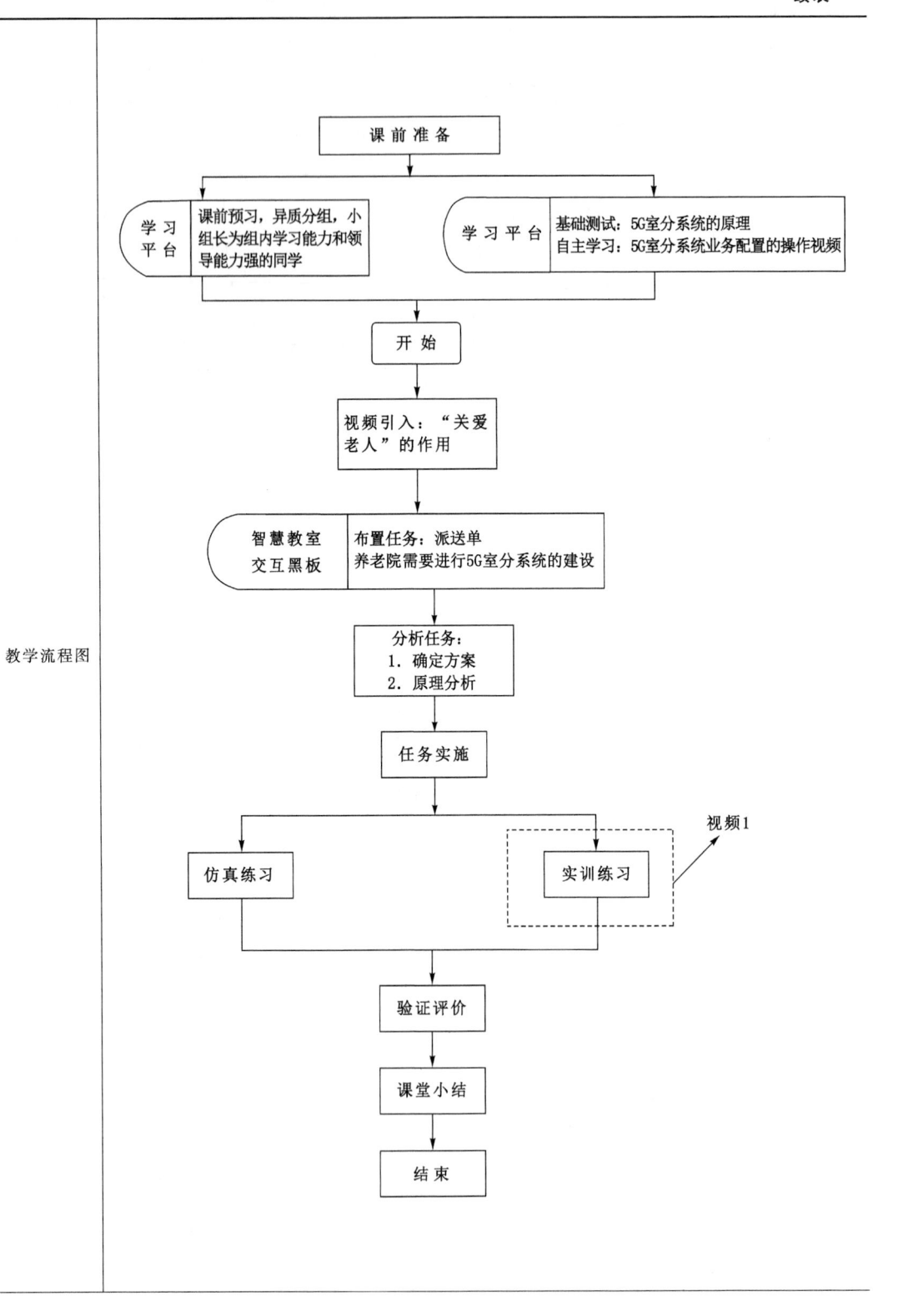

续表

教学流程图

```
课前准备
├── 学习平台：课前预习，异质分组，小组长为组内学习能力和领导能力强的同学
└── 学习平台：基础测试：5G室分系统的原理；自主学习：5G室分系统业务配置的操作视频
         │
       开始
         │
   视频引入："关爱老人"的作用
         │
   智慧教室交互黑板 — 布置任务：派送单 养老院需要进行5G室分系统的建设
         │
   分析任务：
   1. 确定方案
   2. 原理分析
         │
      任务实施
       ├── 仿真练习
       └── 实训练习（视频1）
         │
      验证评价
         │
      课堂小结
         │
       结束
```

续表

		课前初探 自主学习		
教学环节	内容	活动		技术资源/设计意图
		教师	学生	
基础测试	学生按照教师要求，根据时间节点完成前测复习题	发布测试题，根据学生答题情况进行线上个别学生辅导，保证所有学生扎实掌握复习内容	登录平台，按照规定时间认真完成复习测试题，并自查	教学云平台 检测前期知识，以便顺利展开教学
自主学习	【线上学习】 1. 熟悉校企合作单位通信技术人员工作标准和企业工作任务委派单。 2. 学生完成网络课程平台在线学习，在线讨论：如何实现智能小车的网络部署？如何体现小车的定时定点？ 3. 搜索5G通信技术应用小车的应用实例，上传平台。 4. 学生利用网络、媒体等搜索《社会蓝皮书：2021年中国社会形势分析与预测》，了解未来五年社会发展的潜在问题和挑战，增强社会责任感使命感	【数据分析再反思】 1. 发放预习任务和企业工作标准、视频、招聘网址等资源，布置任务。 2. 及时查看学习进度、成绩分析，调整教学策略，根据反馈情况进行初次分组。 3. 及时查看学生提交的5G小车应用实例。 4. 引导学生分析热点问题，引导学生关注时政关心社会	【自主学习】 1. 学习校企合作单位通信技术人员工作标准和企业工作 任务委派单，明确努力方向，增强学习动力。 2. 在讨论区提出疑问等，小组讨论，准备展示内容。 3. 收集案例视频，上传平台。 4. 分享社会蓝皮书中对热点问题的看为项目实施做准备	教学云平台 1. 校企合作，以岗定教，努力实现上课即上岗。 2. 依据学情和课前测验，初次分组。 3. 紧贴时事，呈现时政热点，增强平台使用层面

续表

			教学实施过程		
教学环节	教学时长	内容	活动		设计意图
			教师	学生	
课中模块一 任务分析	10分钟	【创设情境引课题】 1. 导入：《关爱老人》视频，引出项目需求。 2. 翻转课堂：学生模拟解决问题的流程，提出项目需求。 3. 确定项目需求，明确本项目的相关知识点	【贴合企业环境】 1. 引导每组学生完成自己的任务。 2. 鼓励学生提出自己的解决方法； 3. 根据每组同学的回答引导学生提出本项目的实际需求，明确后面课程中需要完成的任务	看：采用电脑、平板、手机自行登录网络教学平台观看教学视频； 做：全班同学共分成五组，分别扮演养老院、小车供应商、运营商、运营商网优部、通信设备商。每组按照客户需求完成自己的工作任务	1. 导入"关爱老人需求"视频，融入思政元素，用自己的专业知识为"科技扶老"贡献力量，激发学生好好学习，培养社会责任感和使命感。 2. 按照实际项目模拟解决问题的流程，提高学生的学习积极性和主动性，熟悉企业岗位，培养良好的职业素养。 3. 教师引导学生完成，有助于培养学生独立自主的学习精神，为后续学生的自主实践做好铺垫。 4. 小组合作，有助于培养学生沟通协作的意识
课中模块二 确定方案	35分钟	教师反馈学生课前学习的情况，学生自主建构，确定实施方案并确定任务具体分工。 1. 教师提出（问题一）：如何实现养老院智能服务小车系统的网络架构？小组讨论，教师巡视指导，有效点拨。 2. 小组汇报，及时传递集体智慧高于个体的意识。同时回顾5G移动通信网络架构的拓扑原理。 3. 教师引导学生分析智能小车网络系统的架构原理动画视频，小车是被谁控制？（问题二）。小组尝试回答，是核心网吗？	1. 反馈学生课前学习的情况，引导学生自主梳理总结，引出任务。 2. 引导学生确定自己的任务实施方案。 3. 提出问题一，组织讨论，巡视点拨。 4. 听取汇报，给予学生充分的话语权，传递团队协作正能量。 5. 播放5G移动通信网络的架构原理动画视频，递进式提出问题二，及时点评二次讨论结果。 6. 分屏展示各小组组成表，引导小组思考控制5G小车的平台的合理性。	听：听任务的分析与要求。 想：找出问题所在。 议：小组自主建构，确定实施方案。 思：再析任务，思考问题二，填写构成小车智能网络系统的基本组成。 评：小组互评，完善各自组成表，攻克重点。 做：依据组成表，自主补充器件功能并完成选型后上传平台。 5G智能小车的组成 展：小组代表上台展示选型图表，多轮头脑风暴，结合功能阐述选型理由，突出重点。	1. 促进学生关心养老产业发展，增强利用科技手段解决养老痛点的能力。 2. 意义建构，强调自主建构知识，理解实质，教学相长。 3. 比较、启发式学习，培养递进式思维和学习习惯。 4. 团队合作中突显互帮互助，谦虚好学的品质。 5. 讨论答疑中培养批判质疑、勇于探究的科学精神。 6. 以生为本，注重生生、师生互动，形成高效活力课堂。 7. 理论与实际的结合运用，拓展学习的深度、广度

续表

			教学实施过程		
教学环节	教学时长	内容	活动		设计意图
			教师	学生	
课中模块二 确定方案	35分钟	4. 教学平台展示各小组基本组成表,教师引导学生思考5G智能小车的控制器到底是什么？攻克重点。 5. 鼓励学生根据确定的组成表描述各器件功能及选型,填表上传平台。 6. 分屏展示功能及选型表小组代表上台分析,教师点评讲解,引导学生及时渗透严谨认真的职业素养和必备品格。 7. 小组多轮头脑风暴,结合视频动画,自主完善组成及选型。突出重点	7. 引导学生根据确定的组成表描述各器件功能,并能正确选型。 8. 分屏展示各小组选型图表,适时点评方案优劣,及时渗透职业素养和必备品质		
课中模块三 原理分析	45分钟	1. 教师提问,通过5G通信网络的架构,如何实现小车和平台的数据传送？分享观点,教师点评。 2. 教师播放原理视频,适时点评,小组互评,教师针对共性问题：多辆小车的网络拓扑原理进行重点讲解示范。 3. 小组登录职教云平台进入通信实训,接受网络规划中的拓扑配置任务,完成5G通信网络的拓扑配置。 4. 教师根据教学云平台的仿真结果进行二次分组,统筹安排个性化助力方案。 5. 每组推荐1~2名优秀的代表汇报拓扑架构心得,再次进行头脑风暴,教师实时点评,攻克重点	1. 引导学生建立平台和小车之间的传输通道明确学习目标。 2. 教师播放视频,细致引导学生思考多辆小车,信息传输的方法。 3. 教师巡视指导,及时查看平台。 4. 巡视指导,实时抓拍,提炼学生共性问题,适时调整教学策略,进行二次分组,动态生成课堂。 5. 适时点评学生的汇报,强调架构要点,攻克难点	听：听取老师的讲解; 议：小组讨论传输路径,并派代表分享观点;交流思考多辆小车在5G网络下的信息传输路径。 做：小组登录完成5G通信网络的拓扑配置。 评：组间互动,发挥学生自主的帮带作用	1. 引入前沿科技,创设情境教学,实现实战预练,提高实战概率,培养创新能力。 2. 实时调整教学,二次分组,动态生成,有效驾驭课堂。 3. 以生为本,注重生生、师生互动,形成高效活力课堂

续表

			教学实施过程		
教学环节	教学时长	内容	活动		设计意图
			教师	学生	
课中模块四仿真实训：任务分析	40分钟	内容： 1. 5G 硬件 BBU、AAU 设备介绍。 2. 5G 基站设备安装的仿真实训	1. 课程内容讲解。 2. 随堂提问，了解学生掌握情况。 3. 查看学生的仿真实训情况	做：完成课堂实训任务。 学：小组协作或通过信息化手段寻求帮助	1. 学生自主学习仿真实训视频，完成仿真实训任务。 2. 同时进行小组 PK，增加学习的主动性和趣味性，培养团结协作的职业精神
课中模块五室分系统的设备安装实训	40分钟	内容： 1. 5G 室分系统硬件 BBU、PBridge、pRRU 设备的安装实训。 2. 5G 室分系统常用线缆的连接。 3. 5G 室分系统硬件安装检查	1. 课程内容讲解。 2. 操作示范演示。 3. 随堂提问，了解学生掌握情况。 4. 巡回指导实践。 5. 工程实例讲解	听：听取老师的讲解。 议：小组讨论安装时的注意事项。 做：完成课堂实训任务。 学：小组协作或通过信息化手段寻求帮助。 评：组间互动，发挥学生自主的帮带作用	1. 学生自主完成实战，引导学生学会利用各种不同的信息化手段寻求帮助，让学生在自主探究中体验成功的乐趣，增强对新知识的索取能力，在实战中突破难点。 2. 同时进行小组 PK，增加学习的主动性和趣味性，培养团结协作的职业精神
课中环节六任务评价总结	10分钟	课程总结： 1. 5G 室分系统设备及线缆安装。 2. 站点验收要点。 3. "脑力大挑战"小游戏，完成阶段性测试，巩固本次课知识点。 4. 师生根据多元评价系统完成过程性评价	1. 组织学生对课程总结。 2. 根据课程内容进行提问。 3. 展示工程示例说明。 4. 布置阶段性测试"脑力大挑战"。 5. 进行过程性评价	评：组内互评选出小组中最佳作品上传学习平台。 想：完成"脑力大挑战"测试，巩固知识。 找：随堂提问进行组间课程内容掌握情况评价。 现：学生上台指出问题	1. 通过组内互评、随堂提问等方式，学生反思课堂内容，掌握课程内容。 2. 遵循学生认知规律，采用游戏巩固知识，让学生乐学、会学、学会。 3. 根据认知特点，采用多元、发展评价理念，努力让每位学生都有所收获

续表

	课后延伸　拓展提高			
任务升华	内容	活动		设计意图
		教师	学生	
	1. 提交完课后作业。 2. 进行评价打分。 3. 进阶作业	评价学生课后作业及时批改并给出指导建议。对学生课前、课中、课后表现进行评价	总结本次课内容，自主完成课后实践并提交到课程平台	让学生巩固所学，同时下节课学习做好充分准备

教学评价

考核要点	分值比例	考核标准	自评(30%)	互评(30%)	教师评价(40%)	合计
5G智能小车通信系统的组成	10%	课中测验				
5G室分系统功能描述及设备选型	10%	功能描述准确、选型正确				
5G智能小车系统的原理阐述	10%	表述正确、流利				
5G通信系统的网络拓扑搭建	10%	课前与课中测验				
5G基站建设的仿真实训	30%	实现仿真结果				
5G室分系统的硬件安装实训	30%	实训符合要求				
总评						

课后反思与特色

教学效果：
1. 课前问卷表明88%的学生不熟悉项目开发流程，92%的学生不了解小车智能系统的组成、通信网络架构的不同，从课上学生的反映和课后作业的情况表明，所有小组均能在规定时间内完成设备选型和网络拓扑，顺利完成目标任务。
2. 通过智慧实训平台在线讨论、角色扮演、仿真实训等多样化的手段，明显提升了学生的学习兴趣，产生更好的学习效果。
3. 虚实结合的实训模式，保证了每位同学对原理和实训的理解，又结合了实际的实训过程，弥补了实训场地和实训设备的限制，提高了学生的技能水平

教学反思：
1. 学生在线教学平台上的资源学习情况呈现波动性，如何更好地调动学生课后的学习积极性，需要深入探索。
2. 合理分配实训环节和实训任务，保证小组中的每位同学积极参与实训过程。
3. 课前的实训演示视频要辅以合适的测试，以确保每位同学课前进行自主探索

特色亮点：
1. 通过智慧实训平台线上线下进行互动讨论，增加师生间的互动，让泛在教学实时体现。
2. 工程案例贴近生活所需，培养学生的人文意识和奉献精神。
3. 重视课程实施过程中的实践性和开放性，用创新方式培养工匠精神，提升职业素养。
4. 通过在线教学平台线上线下进行互动讨论，增加师生间的互动，让泛在教学实时体现。
5. 重视课程实施过程中的实践性和开放性，用创新方式培养工匠精神，提升职业素养

（2）项目任务单

任务名称	5G无线网络设备实训	班级	
组名		组长	
其他成员		成绩	
任务要求		知识点	
画出5G小车服务系统的架构图及设备型号，说出单板的名称及注意事项		1. 5G小车服务系统的架构图。 2. 5G室组成设备的功能	
项目实施			

一、请画出5G小车服务系统的架构图。

二、标出图中5G室分系统的组成设备、说出各设备的功能，并上网查找设备的通用型号。

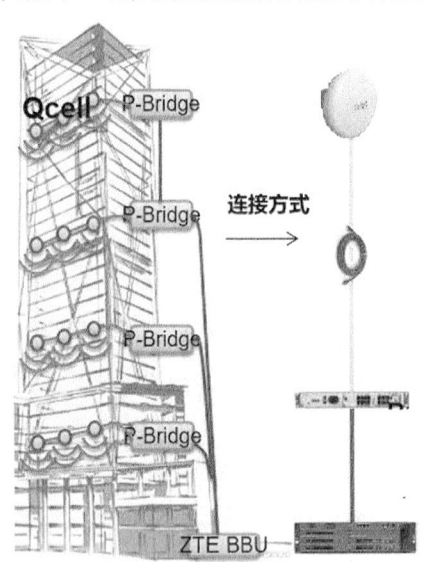

三、请在下图中正确填写5GBBU的单板型号。

8		4		
7		3		14
6		2		
5	13	1		

BBU设备槽位编号及面板分配图

续表

四、标出下列单板的名称。

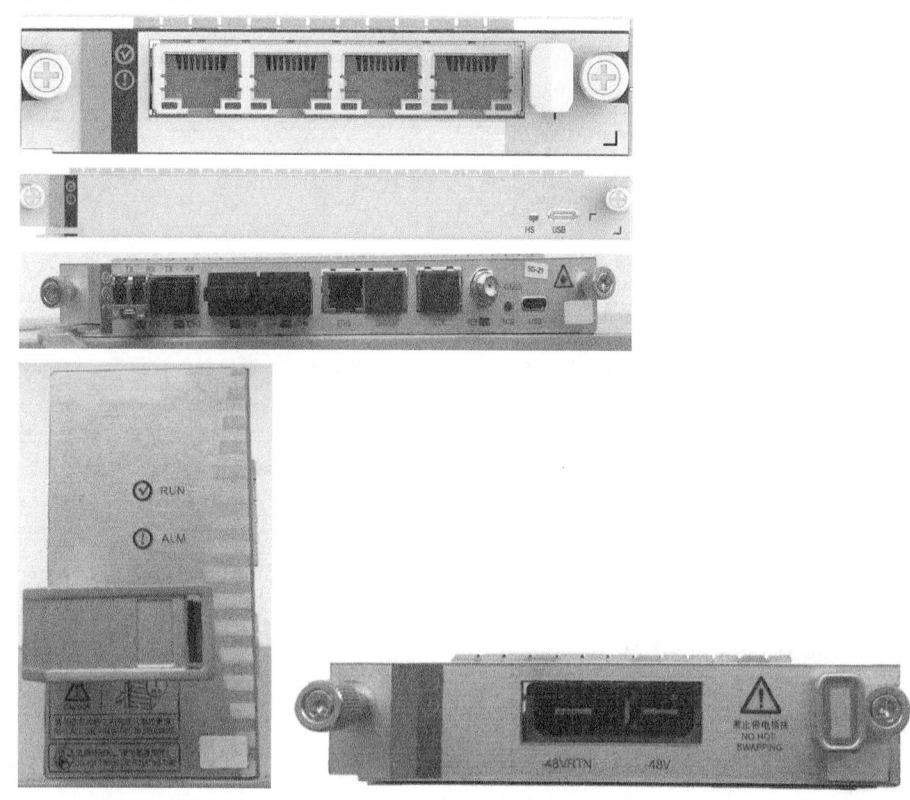

五、写出 BBU 单板操作的注意事项。

项目总结

1. 是否完成本节课任务？　□是　　□否
2. 你对本课的哪些教学资源感兴趣？
   □视频　　□游戏　　□仿真平台　　□实训设备　　□电脑软件
3. 你对本课教学内容还有哪些不明白的地方？

2. 任务二:5G 室分系统的业务配置
(1) 教学设计

授课专业	现代通信技术	授课类型	专业课/项目式教学
授课学时	2 学时(90 分钟)	授课地点	实训室
参考教材	高职高专电子信息类规划教材 《现代通信技术及应用》(第 3 版),孙青华主编,人民邮电出版社 2018 年版;《5G 基站建设与维护》,实训校本教材		
内容分析	为了提高智慧化养老服务效率,在 5G 技术加持下设备互联互通质量得以提高,5G 的应用系统逐步普及,提高社会各界互动效率。智慧化养老服务需社区、医疗服务机构、政府、社会服务等机构共同参与,使用 5G 网络覆盖信号,可根据老人需求灵活调配各类服务资源,打造高效率、低成本服务方案,在提高智慧化养老服务效率的同时满足老年人个性化养老需求。因此 5G 网络对于智慧养老带来极大的便利。 本实训以"智能小车服务养老院助力智慧养老"为载体,依据通信技术产品开发过程构建模块化课程体系。本次课选自任务二,是"智能小车服务养老院助力智慧养老"系统项目的支撑网络系统设计,根据人才培养方案,通信技术专业学生应具备 5G 网络覆盖的规划设计、仿真和实现能力。 该任务需要完成如下环节: 1. 学习 5G 网管软件应用。 2. 完成 5G 室分系统的开通配置。 3. 完成 5G 室分系统软硬件的联调。 4. 完成网管软件的告警排查		
学情分析	学生诉求	具有碎片化的专业知识,但缺乏系统化的组织,希望通过接触企业真实项目,提升自己的解决实际工程问题的能力	
	知识基础	学生已经学习了"电子电工技术""通信网络概论""信息安全技术""通信网络技术""线务工程技术"等课程,具备了通信网络组建、通信设备配置、通信原理分析等基本技能,但接触工程项目较少,对项目需求分析和总体设计能力还有待加强	
	个性特征	根据教学经验,学生对理论学习热情不高,喜欢角色扮演,热衷身临其境中学习,乐于互动,主动学习意识不强	
	信息素养	能熟练使用实训平台,熟练使用手机等移动终端,但创新能力有待提高	

续表

教学目标	知识目标	1. 掌握 5G 网管软件的认知。 2. 掌握 5G 室分系统的数据配置。 3. 掌握 5G 室分系统的软硬件联调
	能力目标	1. 能够利用 5G 仿真软件进行基站业务配置学习。 2. 掌握 5G 网管软件的学习。 3. 能够进行实际 5G 室分系统软硬件联调。 4. 能够通过告警进行故障排查
	素质目标	1. 具备质量意识、环保意识、安全意识、创新思维。 2. 培养创新精神。 3. 有较强的自学能力,了解应用前景、发展动态和行业需求
教学重点		1. 利用 5G 仿真软件学习室分系统开通的业务配置。 2. 5G 网管的业务配置步骤。 3. 5G 室分系统的软硬件联调。 4. 5G 网管软件的告警分析
教学难点		1. 5G 室分系统的参数设置。 2. 5G 室分系统的告警分析
教学策略	教学组织	以任务为导向,将教学内容进行结构化和模块化处理,采用虚实相结合的教学方式,将整个教学过程分为课前探索、课中导学、课后拓展三个教学环节,同时将职业核心素养和工匠精神贯穿整个教学过程
	教学方法	结合中职学生理论学习的特点,采用项目驱动法、小组讨论法、角色扮演法、小组 PK 法等多样化的教学方法,寓教于乐、寓教于情、寓教于为、寓教于学,让学生在角色体验中提升学习能力、思考能力、交流能力、技术能力等综合素质,将自主创新能力植入学生的成长过程
	教学资源与手段	努力提升学生主动学习的意识,教师借助智慧职教平台、个性化需求设计,通过企业工程师点评等手段,让学生多借鉴、多积累,以便突破教学重难点 {智慧职教平台 / 个性化需求设计 / 5G 仿真系统 / 5G 网管软件 图示} 个性化需求设计流程:需求分析 → 参数分析 → 仿真练习 → 网管配置 → 软硬件联调 → 业务验证
	环境准备	智慧教室、联网的实训室
	资料准备	教材、活页式教材、视频资料、任务工单、考核评分表等
	资源准备	教学 PPT、企业标准、实训视频、5G 仿真实训系统等
	环境准备	智慧教室、联网的实训室

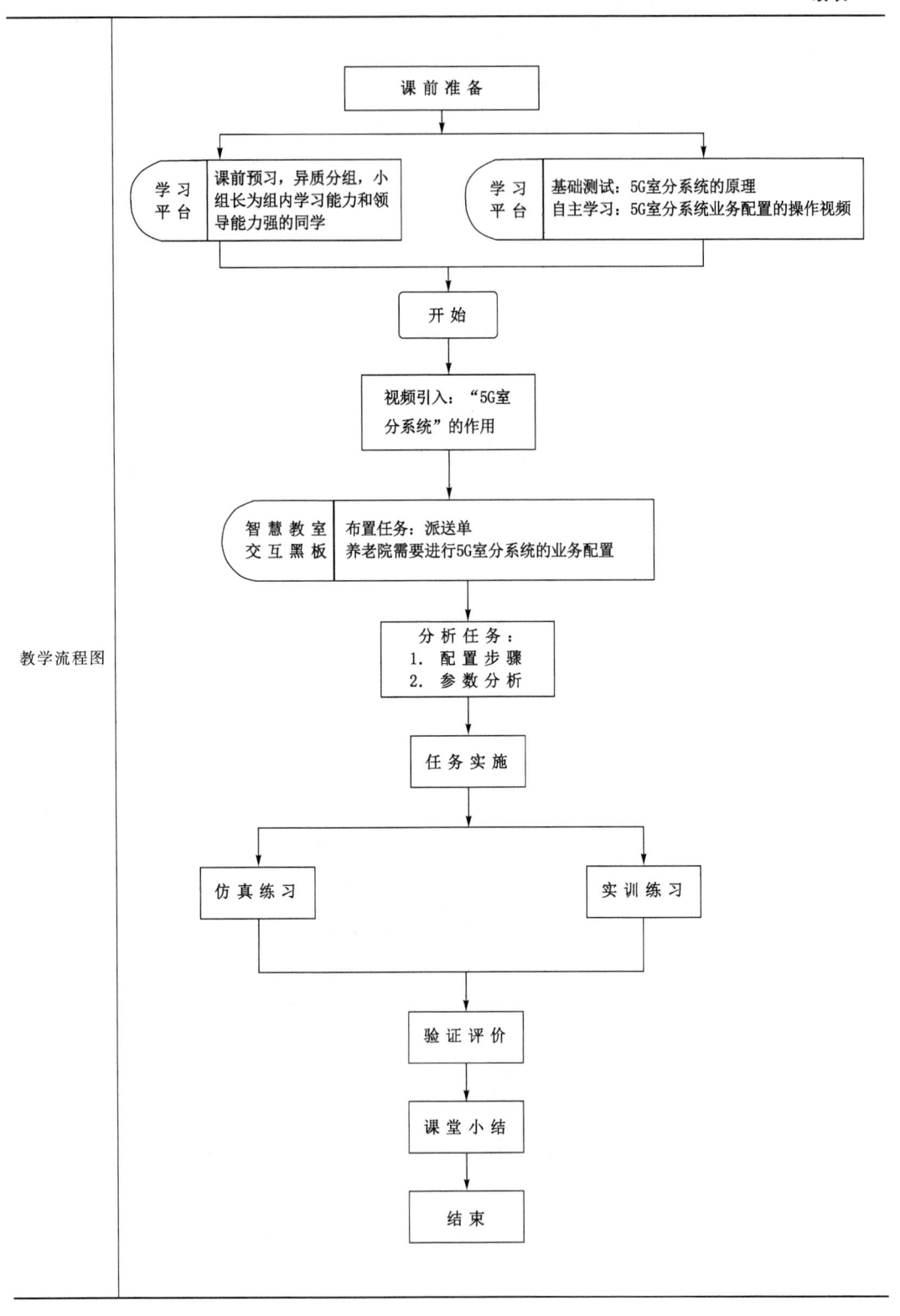

续表

教学流程图	

```
                    ┌──────────┐
                    │ 课前准备 │
                    └────┬─────┘
              ┌──────────┴──────────┐
              ▼                     ▼
   ┌────┬──────────────┐   ┌────┬──────────────────────────┐
   │学习│课前预习,异质 │   │学习│基础测试:5G室分系统的原理 │
   │平台│分组,小组长为 │   │平台│自主学习:5G室分系统业务配 │
   │    │组内学习能力和│   │    │置的操作视频              │
   │    │领导能力强的  │   │    │                          │
   │    │同学          │   │    │                          │
   └────┴──────────────┘   └────┴──────────────────────────┘
                                │
                           ┌────▼─────┐
                           │  开 始   │
                           └────┬─────┘
                                ▼
                      ┌──────────────────┐
                      │视频引入:"5G室   │
                      │分系统"的作用     │
                      └────────┬─────────┘
                               ▼
   ┌────────┬──────────────────────────────────────┐
   │智慧教室│布置任务:派送单                      │
   │交互黑板│养老院需要进行5G室分系统的业务配置   │
   └────────┴──────────────┬───────────────────────┘
                           ▼
                   ┌──────────────┐
                   │ 分析任务:    │
                   │ 1. 配置步骤  │
                   │ 2. 参数分析  │
                   └──────┬───────┘
                          ▼
                   ┌──────────────┐
                   │  任务实施    │
                   └──────┬───────┘
                   ┌──────┴───────┐
                   ▼              ▼
            ┌──────────┐   ┌──────────┐
            │ 仿真练习 │   │ 实训练习 │
            └─────┬────┘   └────┬─────┘
                  └──────┬──────┘
                         ▼
                  ┌──────────────┐
                  │  验证评价    │
                  └──────┬───────┘
                         ▼
                  ┌──────────────┐
                  │  课堂小结    │
                  └──────┬───────┘
                         ▼
                  ┌──────────────┐
                  │   结 束      │
                  └──────────────┘
```

(2)教学实施过程

教学环节	教学时长	内容	活动		设计意图
			教师	学生	
课前探索		课前任务布置	1. 将教学视频等发布到在线教学平台。2. 下发课前学习任务工单及课前热身测试任务。3. 评估学生在线资源学习情况和课前热身测试情况,为课堂教学实施做好调整	学:领取任务工单,观看课程视频,学习室分系统。测:完成课前热身测试,自主检验学习效果。议:学习中出现问题讨论区提出问题并讨论	1. 熟悉5G基站设备的开通实训过程。2. 利用课程资源进行简单知识点的自主学习,提高学生自主学习能力。3. 根据学生测试题的成绩,更加了解每个学生学习的薄弱点,提高因材施教的效率
课中模块一视频导入	5分钟	1. 复习回顾设备安装验收等流程。2. 演示5G基站开通配置成功视频	1. 提问。2. 演示	学:回顾设备安装、验收等流程、规范。看:观看视频	1. 通过任务工单引入任务设计时所需要学习的知识点。2. 为了让学生能够直观感性地理解知识点,教师展示了最终接入样例,结合知识点演示讲解原理过程。3. 并组织学生讨论5G基站设备开通配置的注意要点
课中模块二 5G网管介绍	10分钟	1. 讲解网管基本结构;5G网管基本架构。2. 讲解网管软硬件组成。3. 讲解网管常用功能	讲授、提问、记录课堂表现	听:课。记:笔记。答:随机回答老师的问题	1. 让学生熟悉网管基本结构。2. 让学生熟悉网管软硬件组成。3. 为后续基站等网元创建、配置做基础

续表

教学环节	教学时长	内容	活动		设计意图
			教师	学生	
课中模块三仿真实训：5G基站的数据配置	30分钟	讲解基站业务配置的数据分析，学生完成业务开通的仿真实训	讲述基站基本参数的配置，监控学习情况、针对学习情况实时提问并答疑、记录课堂表现	听：课。记：笔记。析：阅读任务书明书 做：5G基站业务配置的仿真实训，进行参数配置	1. 学生自主学习仿真实训视频，完成仿真实训任务。2. 同时进行小组PK，增加学习的主动性和趣味性，培养团结协作的职业精神。3. 熟悉基本参数的配置规则
课中模块四：5G基站的开通配置	20分钟	1. 5G基站开通的步骤。2. 基站的业务配置	讲授实际基站开通的数据配置，监控学习情况、针对学习情况实时提问并答疑、记录课堂表现	听：课。记：笔记。做：基站的数据配置	1. 学生自主完成实战，引导学生学会利用各种不同的信息化手段寻求帮助，让学生在自主探究中体验成功的乐趣，增强对新知识的索取能力，在实战中突破难点。2. 同时进行小组PK，增加学习的主动性和趣味性，培养团结协作的职业精神。3. 熟练配置传输网络数据
课中模块五：业务验证	20分钟	查看5G基站是否开通成功，是否实现了5G信号，5G信号的质量如何	点评学生的仿真实训测试结果；查看学生的真实基站的测试结果	验：每个小组分别进行5G信号的测试，并将测试结果上传到平台，至少在5个点进行信号测量，并将信号测量结果截图上传	1. 通过业务验证，查看实训结果的正确性，发现自身不足。2. 选出小组的最佳作品作为小组代表上传至平台，从而培养学生集体荣誉感。3. 小组合作，可以培养良好的团队意识

续表

教学环节	教学时长	内容	活动		设计意图
			教师	学生	
课中模块六：总结评价	5分钟	1. 5G基站开通步骤。 2. 5G网管软件的数据配置	对学生课前、课中、课后表现进行评价	总结本次课内容，自主完成课后实践并提交到课程平台	1. 巩固重点、难点。 2. 差异化教学，针对实训过程中出现的共性问题反复探讨

课后延伸　拓展提高

内容	活动		设计意图
	教师	学生	
任务升华	任务进阶：搜集相关资料，探讨5G宏站的配置与室分系统的配置有什么不同	1. 布置任务。 2. 对学生课前、课中、课后表现进行评价	1. 总结本次课内容，自主完成课后实践并提交到课程平台。 2. 查找宏站的资料，并进行对比。	1. 巩固重点、难点。 2. 在课上内容的基础上，引导学生对其通信+领域进行延伸学习。布置进阶任务，提高学生的自学能力

教学评价

考核要点	分值比例	考核标准	自评(30%)	互评(30%)	教师评价(40%)	合计
5G仿真软件的实训	20%	软件业务验证成功				
5G网管软件的配置	50%	可以成功导入数据				
5G室分系统的开通	20%	基站开通完成				
课后拓展	10%	课后拓展提交和完成情况				
总评						

课后反思与特色

教学效果：
1. 采用项目化情境的教学方法，将项目分解成多个子任务，递进式完成，同时教学方法实现多样化，不断提高学生的学习兴趣。
2. 采用平台辅助教学，上课签到率都在98%以上，师生互动良好，作业完成率高，大大提高了学生的职业素养和职业技能。
3. 学情得到改善，93.5%的同学认为碎片化的知识点得到了整合，能力得到了提高。
4. 虚实结合的实训模式，保证了每位同学对原理和实训的理解，又结合了实际的实训过程，弥补了实训场地和实训设备的限制，提高了学生的技能水平

教学反思：
1. 针对小组合作中对每位同学的过程性做好多元评价和考核。
2. 线上线下的混合教学模式提高了学生的自主探索性，要保证学生课前的充分预习。
3. 5G的网管配置数据需要的知识点比较多，还是需要进一步精简配置

特色亮点：
1. 重视课程实施过程中的实践性和开放性，用创新方式培养工匠精神，提升职业素养。
2. 充分利用各种信息化手段，实现"课前自学引导、课上实时反馈、课后学情监督"的教学无缝衔接

(3) 项目任务单

任务名称	5G 室分系统参数配置	班级	
组名		组长	
其他成员		成绩	
任务要求		知识点	
完成基础知识测试题,各参数的意义及配置		1. 5G 网管的基础知识。 2. 参数的意义及配置	
项目实施			

一、5G 网管的作用是什么?

二、5G 网管的优点是什么?

三、5G 网管功能组件有哪些?

四、5G 网管常用功能有哪些?

五、写出 5G 基站业务配置的基本步骤。

续表

六、请说出下面参数的意义。

1. PLMN：

2. PCI：

3. SCTP 本端端口号/远端端口号：

4. 中心频点：

5. 频点带宽：

6. 下行源比：

7. TAC 跟踪区：

8. 小区标识

9. MCC：

10. MNC：

11. OMC 服务器地址：

12. SNTP 服务器 IP 地址：

七、写出下图中的参数如何配置。

项目总结

1. 是否完成本节课任务？ □是 □否
2. 你对本课的哪些教学资源感兴趣？
□视频 □游戏 □仿真平台 □实训设备 □电脑软件
3. 你对本课教学内容还有哪些不明白的地方？

3. 任务三：智能小车服务系统的搭建（一）

（1）教学设计

授课专业	现代通信技术	授课类型	专业课/项目式教学
授课学时	4学时(180分钟)	授课地点	实训室
参考教材	高职高专电子信息类规划教材 《现代通信技术及应用》（第3版），孙青华主编，人民邮电出版社2018年版；《5G基站建设与维护》，实训校本教材		
内容分析	随着全球老龄化的加剧，老年人的健康照护越来越受到关注。然而由于老年人无法操作复杂的界面、行动不便及在记忆力、视觉和听觉方面衰退的特点，传统系统的健康照护方案存在诸多短板，基于养老产业的特殊性，充分考虑到智慧养老领域对智能看护设备的需求，引导学生贡献自己的专业力量，本课程以"智能小车"为载体，引入企业真实项目，完成本课程的实训教学。 根据通信产品的开发过程，对照课标标准，将"智能服务小车"的设计分为4个模块，本实训内容选自模块三（智能小车服务系统搭建与调试）。该任务需要完成如下环节： 1. 进行网络配置和服务器镜像安装。 2. 完成前端控制电脑要求及软件安装操作。 3. 解决轨道设置失败、充电故障等问题。 4. 进行遥控功能和自主巡逻任务的设置。 5. 完成地图的设置和位置校正。 6. 操控小车完成任务		
学情分析	学生诉求	具有碎片化的专业知识，但缺乏系统化的组织，希望通过接触企业真实项目，提升自己的解决实际工程问题的能力	
	知识基础	学生已经学习了"电子电工技术""通信网络概论""信息安全技术""通信网络技术""线务工程技术"等课程，具备了通信网络组建、通信设备配置、通信原理分析等基本技能，但接触工程项目较少，对项目需求分析和总体设计能力还有待加强	
	个性特征	根据教学经验，学生对理论学习热情不高，喜欢角色扮演，热衷身临其境中学习，乐于互动，主动学习意识不强	
	信息素养	能熟练使用实训平台，熟练使用手机等移动终端，但创新能力有待提高	

续表

教学目标	知识目标	1. 掌握智能小车的结构和工作原理。 2. 掌握网络配置和物体检测的原理。 3. 熟悉智能小车的服务器系统软件和底盘控制软件。 4. 掌握建图步骤和地图上传功能设置。 5. 熟悉云端网络平台后台管理系统
	能力目标	1. 能进行网络配置和服务器镜像安装。 2. 完成前端控制软件设置与物体的检测。 3. 掌握移动底盘操作方法。 4. 解决轨道设置失败、充电故障等问题的能力。 5. 能利用5G技术完成场景地图的建立和上传。 6. 能够设计并优化送货路径,实现精准定位,完成送货任务
	素质目标	1. 培养动手能力和较强的学习能力。 2. 掌握分析与解决问题的方法。 3. 具备安全意识和创新思维。 4. 进一步弘扬劳动精神和工匠精神。 5. 有较强的自学能力,了解应用前景、发展动态和行业需求
教学重点		1. 智能小车的结构和工作原理。 2. 服务器系统软件和底盘控制软件。 3. 利用5G技术完成场景地图的建立和上传。 4. 云端网络平台后台管理系统的设置,实现精准定位。 5. 送货路径的设计与优化
教学难点		1. 网络配置和物体检测的原理。 2. 构建并上传场景地图。 3. 云端网络平台后台管理系统的设置。 4. 优化送货路径,完成送货任务
教学策略	教学组织	以任务为导向,将教学内容进行结构化和模块化处理,采用虚实相结合的教学方式,将整个教学过程分为课前探索、课中导学、课后拓展三个教学环节,同时将职业核心素养和工匠精神贯穿整个教学过程
	教学方法	结合中职学生理论学习的特点,采用项目驱动法、小组讨论法、角色扮演法、小组PK法等多样化的教学方法,寓教于乐、寓教于情、寓教于为、寓教于学,让学生在角色体验中提升学习能力、思考能力、交流能力、技术能力等综合素质,将自主创新能力植入学生的成长过程
	教学资源与手段	努力提升学生主动学习的意识,教师借助智慧职教平台、个性化需求设计,通过企业工程师点评等手段,让学生多借鉴、多积累,以便突破教学重难点

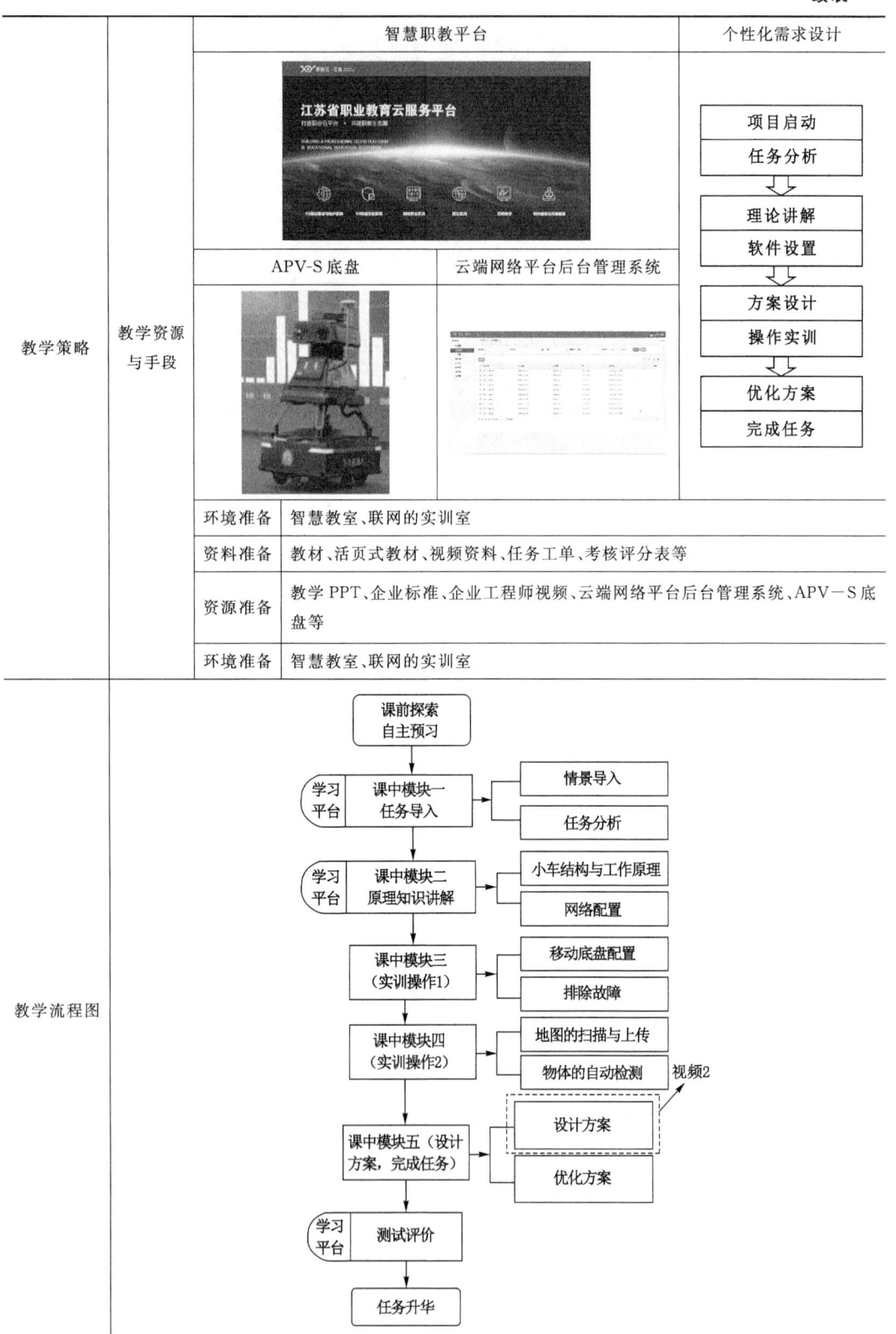

教学策略	教学资源与手段	智慧职教平台 APV-S底盘　云端网络平台后台管理系统	个性化需求设计 项目启动 → 任务分析 → 理论讲解 → 软件设置 → 方案设计 → 操作实训 → 优化方案 → 完成任务
		环境准备	智慧教室、联网的实训室
		资料准备	教材、活页式教材、视频资料、任务工单、考核评分表等
		资源准备	教学PPT、企业标准、企业工程师视频、云端网络平台后台管理系统、APV-S底盘等
		环境准备	智慧教室、联网的实训室
教学流程图		课前探索 自主预习 ↓ 学习平台 → 课中模块一 任务导入 → 情景导入 / 任务分析 ↓ 学习平台 → 课中模块二 原理知识讲解 → 小车结构与工作原理 / 网络配置 ↓ 课中模块三（实训操作1）→ 移动底盘配置 / 排除故障 ↓ 课中模块四（实训操作2）→ 地图的扫描与上传 / 物体的自动检测　视频2 ↓ 课中模块五（设计方案，完成任务）→ 设计方案 / 优化方案 ↓ 学习平台 → 测试评价 ↓ 任务升华	

（2）教学实施过程

任务三　智能小车服务系统的搭建(一)(4 学时)					
教学实施过程					
教学环节	教学时长	内容	活动		设计意图
			教师	学生	
课前探索	自主预习	5分钟	1. 利用课程网络平台认识小车送货用途及适用范围。 2. 完成课程平台上的测试题，通过测试结果反馈预习课程新知	1. 展示小车送货用途及适用范围等微课资源。 2. 组织学生完成课程平台上的测试题。 3. 对测试结果进行评价并且简单讲解学生的薄弱点	看：采用电脑、平板、手机自行登录网络教学平台观看教学视频，了解小车的基本功能。 做：完成资源平台上面的测试题。 听：根据老师讲解的知识点对自己错误率高的知识进行有的放矢的学习	1. 熟悉智能小车用途及适用范围。 2. 利用课程资源进行简单知识点的自主学习，提高学生自主学习能力。 3. 根据学生测试题的成绩，更加了解每个学生学习的薄弱点，提高因材施教的效率
课中模块一（导入任务）	情境导入	10分钟	情境引入： 1. 观看智能智慧养老社区应用设备现场事故视频。 2. 试着找出出现问题的故障点。 3. 小组讨论通信技术领域信号设计人员，没有按规范设计，可能引起的事故	1. 播放现场事故案例。 2. 分析事故原因，引导学生树立按标作业、规范操作的职业素养	看：观看视频，思考老师提出的问题，踊跃回答。 想：找出问题所在。 议：通信技术领域信号设计人员，没有按规范设计，可能引起的事故与避免方法。	1. 促进学生关心养老产业发展，增强利用科技手段解决养老痛点的能力。 2. 增强学生对十四五养老服务规划的了解，提升养老产业在年轻一代人心中的地位和重要性。 3. 分析事故原因，引导学生牢固树立安全责任意识。
	任务分析	10分钟	1. 利用课程平台发布任务书。 2. 确定产品型号及相关配备。 3. 理解任务要点并确定任务具体分工	1. 发布任务书： a. 安装并设置服务器系统软件，移动底盘去目标位置； b. 找到排除故障方案，完成排故； c. 在云端网络平台设置送货路径； d. 操控小车完成送货任务。 2. 分析任务，详细说明任务要点并确定任务具体分工	听：听取教师讲解。 议：讨论组内分工。 想：思考任务要求，为实训做准备	1. 引导学生进一步明确具体任务，并思考操作中的注意事项。 2. 利用小组讨论增强团结协作意识。 3. 进行思政教育，培养学生的公共服务意识

续表

教学环节		教学时长	内容	活动		设计意图
				教师	学生	
课中模块二（原理知识讲解）	小车结构与工作原理	20分钟	1. 了解小车的基本结构和运行方式。 2. 掌握小车基本工作原理	1. 介绍小车基本结构和构成部分的作用。 2. 讲解小车的基本原理和移动底盘运行方式	听：听取教师讲解。 想：理解小车的基本原理。 思：思考移动通信网络的作用	1. 掌握小车的基本结构和运行方式。 2. 引导学生理解小车各部分的作用和工作原理。 3. 利用小组讨论，思考移动通信的作业，增强团结协作意识
	网络配置	25分钟	1. 学习网络配置的类型和原理。 2. 安装服务器系统软件。 3. 进行服务器运行测试	1. 讲解网络配置的类型和原理。 2. 演示服务器系统软件安装过程。 3. 测试服务器运行情况并分析结果。 4. 点评学生的配置情况，对存在的问题进行讲解	听：听取老师的讲解。 议：根据确定的设计方案，讨论不同网络的配置方法和优劣点。 做：将服务器安装在Windows 10版本上，并且测试运行效果	1. 掌握智慧小车的网络配置基本原理。 2. 具备服务器安装、测试的能力。 3. 引导学生学会安装服务器系统，为接下来的软硬件联调打基础。 4. 学生展示方案并进行互评，激发学生的竞争意识，充分发挥学生主观能动性
课中模块三（实训操作1）	移动底盘设置	15分钟	1. 学习移动底盘结构和操作软件。 2. 根据任务，进行软件设置，操控移动底盘。 3. 针对上传的作品，各组之间进行互评，优化方案	1. 发布新任务移动底盘去某个目标位置。 2. 演示软件设置过程。 3. 组织学生互评，优化每组方案	议：设计任务方案。 调：设置软件。 做：按照方案路线完成移动底盘的运行。 思：优化方案	1. 具有移动底盘软件设置的能力。 2. 掌握单点导航和后台遥控设置。 3. 突破借助万向轮手推底盘。 4. 小组讨论设计成任务方案。 5. 学生自行思索方案的优化，挖掘学生的潜力，提高学生自主学习能力
	排除故障	15分钟	1. 解决底盘运行故障。 2. 解决底盘充电过程故障。 3. 完成任务单中的任务	1. 提出问题。 2. 引导学生找到排除故障方案。 3. 帮助学生排除故障，完成任务	做：检查地图上底盘状况。 做：找到故障类型和故障原因。 想：给出排除故障方案。 做：排除小车故障	1. 掌握底盘运行和充电过程故障的解决方法。 2. 学生自主完成故障排除，引导学生学会利用各种不同的信息化手段寻求帮助，让学生在自主探究中体验成功的乐趣，提高学生求知欲。 3. 进行学生间互测，增加学习的主动性和趣味性，在实战中突破难点

第八章　具身教学案例

续表

教学环节		教学时长	内容	活动		设计意图
				教师	学生	
课中模块四（实训操作2）	地图的扫描和上传	20分钟	1. 利用激光雷达在软件系统中建立场景地图。 2. 完成场景地图的上传	1. 讲解构图软件的基本概述和简单操作流程。 2. 讲解建图的流程的和步骤。 3. 操作进行位置校正设置。 4. 利用5G技术将场景地图上传至云端网络平台	听：老师的讲解。 做：软件系统操作设置、利用小车激光雷达扫描地图、在地图上查看底盘实时位置、进行参数设置。 做：进行位置校正,利用5G技术完成地图上传	1. 掌握建图软件系统操作的基本配置。 2. 掌握建图软件的建图操作流程。 3. 引导学生学会使用建图软件系统扫描地图并利用5G技术上传,为后续送货功能实现作铺垫。 4. 引导学生利用信息化手段完成任务,让学生在自主探究中体验成功的乐趣
	物体的自动检测	20分钟	1. 学习检测底盘物体的录入模块原理。 2. 设置参数,进行检测点名称和类型等信息配置。 3. 完成小车自动检测功能	1. 介绍底盘物体检测功能的录入模块原理。 2. 提出问题：物体检测的图像如何连接至对应服务器。 3. 演示小车自动检测功能	听：底盘物体检测功能的录入模块的原理。 议：讨论物体检测的图像连接至对应服务器的方法。 做：完成小车自动检测功能	1. 掌握底盘物体检测功能的实现技能。 2. 通过自主完成实战,让学生在自主探究中增强动手能力和对新知识的学习能力。 3. 进行小组互测,增加学习的主动性和趣味性,在实战中突破难点
课中模块五（设计方案,完成任务）	设计方案	15分钟	1. 清除噪点,完善场景地图。 2. 设置送货场景和任务； 3. 设计送货方案。 4. 在云端网络平台上新建路径,完成送货任务	1. 分析送货场景和任务。 2. 指导学生完成送货方案设计。 3. 播放视频,让学生观看企业工程师路径设置过程。 4. 指导学生完成送货任务	听：分析任务要求。 议：讨论确定送货路径设置方案。 做：给出送货方案,操作云端网络平台后台管理系统,完成小车的自动驾驶和送货功能。	1. 掌握云端网络平台后台管理系统的设置。 2. 通过组间比较送货方案,进一步养成严密的思维逻辑。 3. 操作过程中培养学生按标作业、规范操作的职业素养
	优化方案	20分钟	1. 小组讨论,优化送货方案。 2. 在云端网络平台上新建路径,完成优化方案的送货任务。 3. 精益求精,反复操作,利用5G技术完成精准定位	1. 指导小组讨论,完善送货方案。 2. 巡视各组完成优化方案的送货任务。 3. 指导学生通过组间评比找到最精确的送货方案。 4. 总结评价,带领学生体验5G技术精准定位的效率	议：找到最优化的路径,找到最精准定位方案。 做：优化送货方案,操作云端网络平台后台管理系统,完成小车的自动驾驶和送货功能。	1. 各组完成方案的优化。 2. 通过小组比较、组间互助等教学活动,始终能够集中注意力围绕课程项目工作,极大提升了学习效率。 3. 通过实践操作,体验5G技术的优点,理解操作过程中精益求精的大国工匠精神
测试评价		5分钟	利用多元评价表进行评价	利用多元评价表在智慧云平台上面进行组内、组间互评	议：组内、组间评价	根据认知特点,采用多元、发展评价理念,努力让每位学生都有所收获

续表

	课后延伸 拓展提高			
	内容	活动		设计意图
		教师	学生	
任务升华	1. 基础任务:完善课中遗留问题。 2. 任务进阶:搜集相关资料,探讨智慧小车在智慧养老、智慧物流等其他领域可进行的扩展应用	1. 布置任务。 2. 对学生课前、课中、课后表现进行评价	1. 总结本次课内容,自主完成课后实践并提交到课程平台。 2. 完成智慧小车参数配置实现更为复杂的送货功能的视频学习	1. 总结本次课内容,自主完成课后实践并提交到课程平台。 2. 完成智慧小车参数配置实现更为复杂的送货功能的视频学习

教学评价

考核要点	分值比例	考核标准	自评(30%)	互评(30%)	教师评价(40%)	合计
送货小车的结构和工作原理	10%	课前与课中测验				
安装与配置网络服务器系统	20%	服务器系统运行流畅				
移动底盘软件的设置,进行物体的检测	10%	清晰描述移动底盘设置过程,完成物体的检测模拟测验				
常见故障处理办法	10%	随机挑选一个常见故障进行检验				
场景地图的建立和上传	10%	以教室为场景,建立和上传地图				
完成云端网络平台后台管理系统的设置	15%	给定一个自动驾驶功能,完成参数设置				
设置送货路径并完成任务	10%	根据场景完成任务				
优化送药任务及课后拓展	15%	精准定位,完成任务优化和课后拓展				
总评	100%					

课后反思与特色

教学效果:
1. 采用项目化情境的教学方法,将项目分解成多个子任务,让学生边学边做,递进式完成,在完成实践任务的同时学到了相应的理论知识。
2. 采用平台辅助教学,上课签到率都在95%以上,师生互动良好,作业完成率高,大大提高了学生的职业素养和职业技能。
3. 学情得到改善,93.5%的同学都认为碎片化的知识点得到了整合,能力得到了提高

教学反思:
1. 线上线下混合教学模式,还有待进一步磨合和创新,进一步提高线上学生的课堂参与感。
2. 与以往的教学相比,过程化考核使90%左右的学生都能跟上任务进度,完成度较好,但还是有10%左右的学生因为基础薄弱,每次测试和评价的得分都比较低,仍需加强这部分学生的教学效果。
3. 考虑在今后的教学中引入更多的动画加深学生对5G技术的理解

特色亮点:
1. 通过在线教学平台线上线下进行互动讨论,增加师生间的互动,让泛在教学实时体现。
2. 重视课程实施过程中的实践性和开放性,用创新方式培养工匠精神,提升职业素养

4. 任务三:智能小车服务系统的搭建(二)
(1) 教学设计

授课专业	现代通信技术	授课类型	专业课/项目式教学
授课学时	2学时(90分钟)	授课地点	实训室
参考教材	高职高专电子信息类规划教材 《现代通信技术及应用》(第3版),孙青华主编,人民邮电出版社2018年版;《5G基站建设与维护》,实训校本教材		
内容分析	有同学提出,市面上智能小车种类繁多,除了5G,Wi-Fi也能实现自主行驶,也可以自动规避障碍物,所需费用也远远低于5G,为什么一定要5G网络环境下的小车? 面对这个问题,本课将进行相关的测试和分析,通过试验得出相关结论。课程中使用同一辆小车,在不同网络环境下(5G、Wi-Fi),通过相同障碍物路径,测试避障情况。多次试验,记录现场数据,并进行数据处理和分析。 本实训内容选自模块三智能小车服务系统的搭建。该任务需要完成如下环节: 1. 掌握5G与Wi-Fi技术的区别。 2. 学会制定解决方案,设置障碍。 3. 完成数据记录,利用软件生成数据处理图表。 4. 读懂数据图表,正确分析不同网络环境下,小车性能的优劣性		
学情分析	学生诉求	具有碎片化的专业知识,但缺乏系统化的组织意识,希望通过接触企业真实项目,了解5G先进性,学会项目总结,提升自己的解决实际工程问题的能力	
	知识基础	学生已经学习了《电子电工技术》《通信网络概论》《信息安全技术》《通信网络技术》《线务工程技术》等课程,具备了通信网络组建、通信设备配置、通信原理分析等基本技能,但接触工程项目较少,对项目需求分析和总体设计能力还有待加强	
	个性特征	根据教学经验,学生对理论学习认知不足,喜欢角色扮演,热衷身临其境中学习,乐于互动,主动学习意识不强	
	信息素养	能熟练使用实训平台,熟练使用手机等移动终端,但实践总结能力有待提高	

续表

教学目标	知识目标	1. 熟悉 5G 与 Wi-Fi 网络环境的异同。 2. 进一步熟悉数据分析处理基础办公软件的性能。 3. 独立完成数据的汇总、处理及分析
	能力目标	1. 能够完成小车不同网络测试环境下的硬件连线和软件平台配置。 2. 能够搭建临界障碍测试场景。 3. 能够多次测试并完成数据记录和分析。 4. 能够利用基础办公软件完成数据图表输出
	素质目标	1. 培养动手能力和较强的学习能力。 2. 掌握分析与解决问题的方法。 3. 具备安全意识和创新思维。 4. 进一步弘扬劳动精神和工匠精神。 5. 有较强的自学能力,了解 5G 应用前景、发展动态和行业需求
教学重点		1. 5G 智能小车与 Wi-Fi 智能小车的应用测试。 2. 5G 智能小车与 Wi-Fi 智能小车测试数据比较分析
教学难点		5G 智能小车与 Wi-Fi 智能小车测试数据比较分析
教学策略	教学组织	以任务为导向,将教学内容进行结构化和模块化处理,采用虚实相结合的教学方式,将整个教学过程分为课前探索、课中导学、课后拓展三个教学环节,同时将职业核心素养和工匠精神贯穿整个教学过程
	教学方法	结合中职学生理论学习的特点,采用项目驱动法、小组讨论法、小组探究法等多样化的教学方法,寓教于乐、寓教于情、寓教于为、寓教于学,让学生在实践探究中提升学习能力、思考能力、交流能力、技术能力等综合素质,将自主创新能力植入学生的成长过程
	教学资源与手段	努力提升学生主动学习的意识,教师借助智慧职教平台、个性化需求设计,通过动手实操、团队协作,让学生多借鉴、多积累,以便突破教学重难点 智慧职教平台 / 个性化需求设计 APV-S 底盘 / 云端网络平台后台管理系统 项目启动 → 任务分析 → 理论讲解 → 软件设置 → 方案设计 → 操作实训 → 优化方案 → 完成任务
	环境准备	教室、联网的实训室
	资料准备	教材、活页式教材、视频资料、任务工单、考核评分表等
	资源准备	教学 PPT、企业标准、企业工程师视频、云端网络平台后台管理系统、APV-S 底盘等
	环境准备	教室、联网实训室

续表

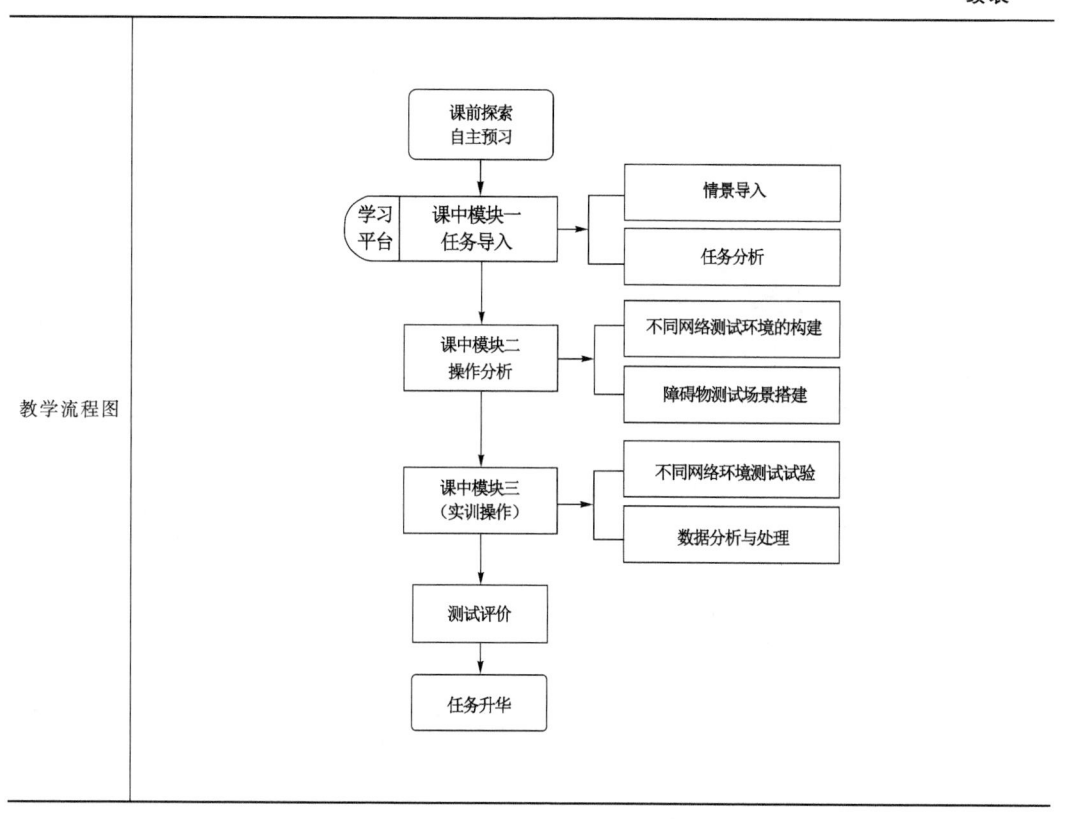

教学流程图:

```
课前探索
自主预习
   ↓
学习平台 → 课中模块一 任务导入 → 情景导入
                              → 任务分析
   ↓
课中模块二 → 不同网络测试环境的构建
操作分析   → 障碍物测试场景搭建
   ↓
课中模块三 → 不同网络环境测试试验
(实训操作) → 数据分析与处理
   ↓
测试评价
   ↓
任务升华
```

（2）教学实施过程

教学环节		教学时长	内容	活动		设计意图
				教师	学生	
课前探索	自主预习	5分钟	1. 利用课程网络平台认识小车避障原理以及相关通信技术。 2. 完成课程平台上的测试题，通过测试结果反馈预习课程新知	1. 展示智能小车网络的搭建、避障等微课资源。 2. 让学生提前了解5G技术与Wi-Fi技术。 3. 组织学生完成课程平台上的测试题。 4. 对测试结果进行评价并且简单讲解学生的薄弱点	看：采用电脑、平板、手机自行登录网络教学平台观看教学视频，了解小车的基本操作流程。 做：完成资源平台上面的测试题。 听：根据老师讲解的知识点对自己错误率高的知识进行有的放矢的学习	1. 熟悉智能小车避障原理以及相关通信技术。 2. 利用课程资源进行简单知识点的自主学习，提高学生自主学习能力。 3. 根据学生学习成果，合理安排实训任务

续表

教学环节		教学时长	内容	活动		设计意图
				教师	学生	
课中模块一（任务导入）	情境导入	10分钟	1. 了解小车的基本网络连接方式。 2. 掌握5G和Wi-Fi技术的异同。	1. 介绍5G和Wi-Fi技术的发展历史。 2. 分析5G和Wi-Fi技术的特点	听:听取教师讲解； 想:思考5G和Wi-Fi异同	1. 掌握小车的基本网络连接方式。 2. 引导学生了解通信技术的异同。 3. 利用小组讨论,思考移动通信相关技术的特点以及差异,增强团结协作意识
课中模块二（操作分析）	不同网络测试环境的构建	20分钟	1. 学习5G和Wi-Fi的基础配置原理。 2. 配置5G和Wi-Fi网络	1. 分析不同网络技术的配置原理。 2. 带领学生实现网络配置。 3. 点评学生的网络配置情况,对存在的问题进行重点讲解讲解	听:听取老师的分析内容。 议:讨论不同网络的配置方法和优劣点。 做:完成5G和Wi-Fi网络配置	1. 掌握智能小车的网络配置基本原理。 2. 具备不同种类网络配置能力。 3. 对学生的配置结果进行点评,让学生巩固网络配置相关知识
	障碍物测试场景搭建	10分钟	1. 障碍环境设置。 2. 指导学生填写数据表格。 3. 相关数据填表	1. 带领学生设计障碍物环境。 2. 指导学生填写数据表格	议:分配小组成员任务。 做:学习设计障碍。 做:思考表格如何填写	1. 了解测试试验设计背景。 2. 学习分析解决问题的科学方法。 3. 熟练应用基础办公软件

续表

教学环节	教学时长	内容	活动		设计意图
			教师	学生	
课中模块三（实训操作）	不同网络环境测试试验	20分钟	1. Wi-Fi 场景下测试试验。 2. 5G 场景下测试试验。 3. 数据记录	1. 指导学生测试试验。 2. 指导学生填写数据表格。 3. 点评学生试验情况及数据记录情况	做：观察测试。 做：记录结果	1. 了解试验测试的。 2. 学习分析解决问题的科学方法。 3. 熟练应用基础办公软件
	数据分析与处理	15分钟	1. 五个小组分别测试 5G 和 Wi-Fi 环境下几组数据。 2. 统一汇总，然后用 Excel 生成这个图，最后分析得出结论。 3. 总结不同网络环境中，小车的行驶表现，进而比较 5G 和 Wi-Fi 网络的优劣性	1. 记录小车避障相关数据。 2. 数据的整理汇总。 3. 掌握数据汇总分析流程。 4. 总结评价，分析 5G 和 Wi-Fi 环境下小车的不同表现	做：记录数据，汇总分析。 议：分析小车表现，总结其根本原因	1. 让各组完成小车的数据统计。 2. 让各组熟悉图表分析方法。 3. 能够通过现象看到本质。 4. 通过实践操作，体验 5G 技术的优点，理解操作过程中精益求精的大国工匠精神
课堂总结		5分钟	1. 总结不同网络环境中，小车的行驶表现，进而比较 5G 和 Wi-Fi 网络的性能。 2. 归纳出选择 5G 智能小车的原因	1. 引导学生思考，总结评价出 5G 和 Wi-Fi 环境下小车的不同表现。 2. 引导学生推论 5G 智能小车的应用前景	议：分析小车表现，总结其根本原因	1. 学习归纳总结的方法。 2. 能够根据现象分析事物发生、发展的原因。 3. 练习通信专业术语表达能力
测试评价		5分钟	利用多元评价表进行评价	利用多元评价表进行组内、组间互评	议：组内、组间评价	根据认知特点采用多元、发展评价理念，努力让每位学生有所收获

课后延伸　拓展提高

	内容	活动		设计意图
		教师	学生	
任务升华	1. 基础任务：完善课中遗留问题。 2. 任务进阶：通过得出的结论，进一步探索 5G 在未来的应用场景	1. 带领学生进行技术对比。 2. 引导学生分析展望未来 5G 的应用前景	1. 思考 5G 和 Wi-Fi 技术的对比。 2. 分组交流 5G 技术的未来应用场景	1. 巩固课堂知识点。 2. 让学生开拓思维，拓宽知识

续表

教学评价						
考核要点	分值比例	考核标准	自评（30%）	互评（30%）	教师评价（40%）	合计
5G 和 Wi-Fi 技术的异同	15%	清晰表达观点				
5G 和 Wi-Fi 网络环境配置	15%	网络环境运行流畅				
障碍物测试场景搭建	15%	能够设置合理的障碍物				
网络环境测试试验	15%	随机挑选一个网络环境进行检验				
实验数据整理	20%	记录数据、绘制图表效果				
数据的汇总分析与反思	20%	数据测量准确，反思到位				
总评	100%					

课后反思与特色
教学效果： 1. 任务式教学培养学生科学实验精神，能够将实验合理分配成多个环节，以支撑整体项目的推进。 2. 利用信息化设备，线上线下结合，全方位引导学生完成实验内容。 3. 激发学生的创新思维，提高动手能力，与中职院校所倡导的知行合一相吻合
教学反思： 1. 学生水平参差不齐，不能完全跟上教学进度，日后教学应制定个性化教学方案。 2. 对学生的 5G 知识有所启蒙，后期会引入更多的实训实操内容。 3. 进一步提高学生的创新创业意识，促进学生的全方位发展
特色亮点： 1. 能够将企业内容引入课堂，体现产教融合的先进性。 2. 提高学生的全方位参与感，沉浸式体验，使其融入学习的全过程

（3）项目任务单

任务名称	智能小车送货路径设置	班级	
组名		组长	
其他成员		成绩	
任务要求		知识点	
利用 5G 网络完成场景地图的建立和上传，设计并优化送货路径，实现精准定位，完成送货任务		1. 建图步骤和地图上传功能设置。 2. 云端网络平台的操作过程	
项目实施			

一、清除噪点，完善场景地图

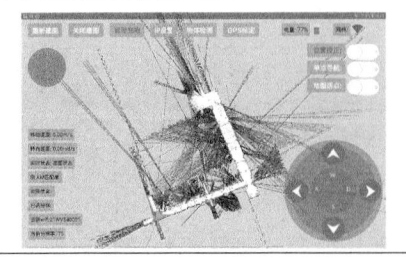

续表

二、利用5G网络将地图上传至云端网络平台,并在云端网络平台上面找到自己上传的地图

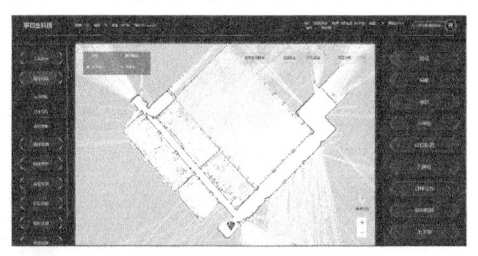

三、在云端网络平台上面设置小车送货路径
站点如下图所示:

设计路径填在表格中:

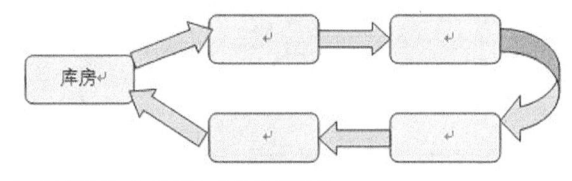

注意:1. 新建导航时,选择自己的送货路线。
  2. 根据送货环境,合理安排送货路线。

四、在云端网络平台设置送货站点
自己小组的方案截图:

五、操作软件按照自己设置的路径完成送货任务
后台管理页面如下图所示:

续表

六、思考如何优化送货路径
七、5G智能小车不同网络环境下避障数据测试(多次测试后填写)

5G智能小车不同网络环境下避障数据

网络状态	情况		
	轻微碰到障碍物	完美通过	不能通过
WIFI			
5G			

八、测试数据分析及结论

项目总结

1. 是否完成本节课任务？　□是　　□否
2. 你对本课的哪些教学资源感兴趣？
□视频　　□游戏　　□仿真平台　　□实训设备　　□电脑软件
3. 你对本课教学内容还有哪些不明白的地方？

5. 任务四：智能小车服务系统的故障排查

（1）教学设计

授课专业	现代通信技术	授课类型	实训课/项目式教学
授课学时	4学时(180分钟)	授课地点	养老院二楼(模拟场景)
参考教材	《现代通信技术及应用》(第3版),孙青华主编,人民邮电出版社2018年版;《5G基站建设与维护》,实训校本教材		
内容分析	在小车应用系统的搭建与测试环节,主要涉及小车的送货功能的配置和调试,实现让小车按照设定的路线行进,并且可与远程控制小车,并且确保正常情况下,小车可以接受和执行配置的任务。按照产品开发的过程,最后要进行系统测试及常见故障的排查。本次课选自任务四,对应电子与通信产品开发过程中的系统故障排查,主要从故障排查的基本原则、故障排查的基本方法以及大量的故障排查案例研究,最后,利用搭建好的无线网络进行功能、性能、安全性和故障恢复测试,从多个方面360度无死角帮助学生掌握智能小车的故障排查。在智能小车系统的故障排查原则以及排查方法的指导下,我们假设通信系统如出现故障,会导致小车无法运行;除了通信问题之外,小车在运行中也会因自身的原因导致发生故障,因此在进行故障分析与处理时,还需要考虑小车自身的故障。只有很熟悉的学会从故障的现象逐步去分析故障的所在的位置,找出解决问题的方法,从而解决故障		

续表

内容分析		基于产品开发过程 任务一 5G无线网络的构建　任务二 5G室分系统的业务配置　任务三 智能小车服务系统的搭建　任务四 智能小车服务系统的故障排查 模块化设计
学情分析	学生诉求	具有碎片化的专业知识，但缺乏系统化的组织，希望通过接触企业真实项目，提升自己的解决实际工程问题的能力
	知识基础	学生已经学习了"电子电工技术""通信网络概论""信息安全技术""通信网络技术"等课程，具备了通信网络组建、通信设备配置、通信原理分析等基本技能，但接触工程项目较少，对项目故障处理等环节的工作无从下手
	个性特征	1. 学生喜欢动手操作，但在真正遇到问题时，缺乏深入解决问题的决心与毅力。 2. 学生喜欢参与小组合作讨论，但小组间缺乏深层次的交流
	信息素养	能熟练使用实训平台，熟练使用手机等移动终端，但创新能力有待提高
教学目标	知识目标	1. 掌握智能小车故障排查的基本流程。 2. 掌握智能小车通信类故障排查的基本流程。 3. 掌握智能小车通信类故障恢复测试的基本方法。 4. 掌握智能小车自身故障的基本处理方法。 5. 掌握智能小车自身故障恢复测试的基本方法。
	能力目标	1. 具有独立处理智能小车简单的通信类故障排查的能力。 2. 具有小组协作完成智能小车的通信类故障恢复的能力。 3. 具有独立处理智能小车简单的外部故障排查的能力。 4. 小组之间能协作完成智能小车的外部故障恢复。 5. 培养学生撰写智能小车故障案例
	素质目标	1. 培养顾全大局，互帮互助的团队协作意识。 2. 培养关注细节、精益求精的工匠精神。 3. 培养良好的职业道德、职业操守和职业荣誉感
教学重点		1. 智能小车信号故障排查。 2. 智能小车自身故障排查。 3. 撰写智能小车外部故障案例

续表

教学难点	1. 智能小车通信类故障、自身故障的处理方法。 2. 智能小车通信类故障、自身故障恢复的方法	
教学策略	教学组织	以任务为导向,将教学内容进行结构化和模块化处理,采用线上、线下智慧实训教学模式,将整个教学过程分为课前导学、课中探究、课后拓展三个教学环节,将职业核心素养和工匠精神贯穿整个教学过程
	教学方法	鉴于中职学生理论学习普遍热情不高的现象,采用项目驱动法、小组讨论法、角色扮演法、小组PK法等多样化的教学方法,寓教于乐、寓教于情、寓教于为、寓教于学,让学生在角色体验中提升学习能力、思考能力、交流能力、技术能力等综合素质,将自主创新能力植入学生的成长过程
	教学资源与手段	鉴于学生主动学习意识不强,教师借助智慧职教平台、个性化需求设计,通过企业工程师点评等手段,让学生多借鉴、多积累,以便突破教学重难点 智慧职教平台 / 个性化需求设计 5G基站建设与维护仿真软件 / 智能评价系统 通信类故障案例探讨 / 通信类故障的处理流程 / 通信类故障恢复测试练习 → 案例报告编写
	环境准备	模拟养老院的实训场地
	资料准备	教材、活页式教材、视频资料、任务工单、考核评分表等
	资源准备	教学PPT、企业标准、企业工程师视频等

续表

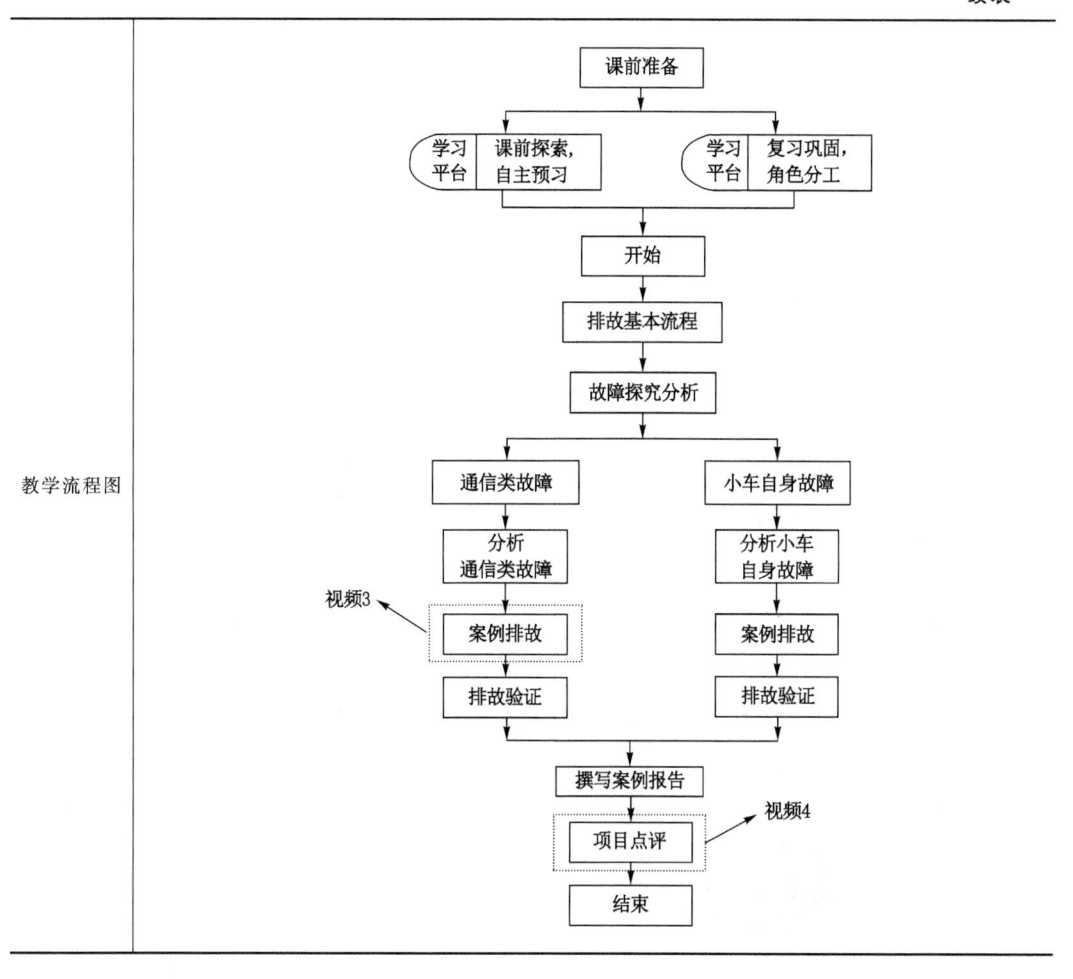

教学流程图	课前准备 → 学习平台(课前探索,自主预习) / 学习平台(复习巩固,角色分工) → 开始 → 排故基本流程 → 故障探究分析 → 通信类故障 / 小车自身故障 → 分析通信类故障 / 分析小车自身故障 → 案例排故(视频3) / 案例排故 → 排故验证 / 排故验证 → 撰写案例报告 → 项目点评(视频4) → 结束

（2）教学实施过程

教学环节	教学时长	内容	活动		设计意图
			教师	学生	
课前探索		课前任务布置,派发任务单	1. 将教学视频等发布到智慧实训平台。2. 下发课前学习任务工单。3. 进行角色分工布置	学：领取任务工单,观看课程视频,了解任务需求	1. 了解故障的类型。2. 熟悉排故的基本原则及注意事项。3. 排故结束如何验证
课中模块一 排故流程分析	10分钟	1. 智能小车故障的排查基本流程。2. 故障的类型	老师请学生上台解释故障处理基本流程,老师负责点评和鼓励学生大胆发言	议：讨论故障排查基本原则,并上传课程讨论区。评：学生讲得最好的	通过翻转课堂和课前的视频引导,帮助学生掌握故障排查的基本原则,为后续故障恢复打下坚实的基础

续表

教学环节	教学时长	内容	活动		设计意图
			教师	学生	
课中模块二 通信类故障 解决方案	10分钟	通信类故障处理流程	老师请学生上台解释故障处理基本原则,老师负责点评和鼓励学生大胆发言	议:讨论故障排查基本原则,并上传课程讨论区。评:学生讲得最好的	通过翻转课堂和课前的视频引导,帮助学生掌握故障排查的基本原则,为后续故障恢复打下坚实的基础
课中模块三 案例探讨、情境排故	35分钟	通信类故障排查案例探讨	准备大量的通信类故障排查案例演示,结合场景进行情境引入分析。 1. 皮基站故障。 2. 传输故障。 3. 小区关断	听讲、分组讨论: 1. 学生角色扮演,进行分组讨论。 2. 从故障现象逐步分析,故障发生的原因以及解决的方案	通过大量通信类故障案例的讲解,帮助学生迅速掌握通信类故障排查的基本流程和思路,熟悉设备、熟悉故障
课中模块四 通信类故障 恢复测试 方法	20分钟	通信类故障恢复测试: 1. 小车控制系统后台查看小车是否在线,从而判断故障是否恢复。 2. 用手机检测是否有5G信号。 3. 检测信号的强度	指导故障恢复流程,组织恢复测试方法的评优	做:借鉴之前的讨论,进行规范的故障恢复测试。议:讨论各个恢复方法的优缺点。比:各小组方法PK,选出最佳小能手。	1. 借助智慧实训平台展开线上线下讨论,碰撞思维,将所学的专业知识进行糅合,"变点为线,变线为面,层层递进,步步整合",最终完成对知识的融会贯通。 2. 通过讨论优缺点,培养学生注重设计细节,通过故障恢复测试演练,培养学生利用科学理论指导实践的能力
课中模块五 撰写案例	10分钟	探讨通信类故障案例报告书写流程	参与通信类故障案例排查的心得探讨	做:讨论中推导案例报告书写的流程	指导学生建立原创的、个性的、新颖的故障案例报告书写意识
课中模块六 案例探讨、情境排故	25分钟	小车自身故障案例探讨 1. 小车断电故障。 2. 虚拟轨道设置失败	准备大量的自身故障排查案例演示	听讲、分组讨论	通过大量小车自身故障案例的讲解,帮助学生迅速掌握外自身故障排查的基本流程和思路

续表

教学环节	教学时长	内容	活动		设计意图
			教师	学生	
课中模块七 小车自身故障恢复测试方法	25分钟	小车自身故障恢复测试	1. 指导小车自身故障恢复流程。 2. 组织恢复测试方法的评优	做：借鉴之前的讨论，进行规范的故障恢复测试； 议：讨论各个恢复方法的优缺点； 比：各小组方法PK，选出最佳小能手	1. 借助智慧实训平台展开线上线下讨论，最终完成对知识的融会贯通。 2. 通过故障恢复测试演练，培养学生利用科学理论指导实践的能力
课中模块八 撰写小车自身故障案例	20分钟	探讨小车自身故障案例报告书写流程	参与小车自身故障案例排查的心得探讨	做：根据小组讨论结果，撰写个性化的案例报告和心得	指导学生完成原创、个性、新颖的故障案例报告
课中模块九 探讨案例报告流程	10分钟	探讨小车自身故障案例报告书写流程	参与小车自身故障案例排查的心得探讨	做：讨论中推导案例报告书写的流程	指导学生建立原创的、个性的、新颖的故障案例报告书写意识
课中模块十 任务评价总结	15分钟	项目点评	1. 学生自评、互评。 2. 专业教师针对学生共性问题进行点评。 3. 企业教师针对学生个性问题进行点评。 4. 专业教师总结	评：自评、互评，与老师互动，积极发言	1. 增强学生分析问题、总结问题的能力。 2. 理实结合，不断加强学生爱岗敬业、实事求是、一丝不苟的专业精神和职业素养。 3. 厚植爱国主义情怀，切实提升学生不断适应企业岗位工作要求的意识

课后延伸　拓展提高

	内容	活动		设计意图
		教师	学生	
任务升华	1. 提交完善后的作业。（基本任务：完成工程师提出的需求。进阶任务：进行适当的网络优化） 2. 评价	1. 评价学生课后作业及时批改并给出指导建议。 2. 对学生课前、课中、课后表现进行评价	1. 基础较弱的同学：继续探究，解决问题，完善课上任务。 2. 基础较好的同学：研究进阶任务，将作品上传教学平台。 3. 完成故障案例的报告撰写	差异化教学，对基础较弱的学生，要求完全掌握课上内容。对基础好的学生，布置进阶任务，让学生从舒适区到学习区，进一步强化学生的自学能力

续表

		教学评价				
考核要点	分值比例	考核标准	自评(30%)	互评(30%)	教师评价(40%)	合计
故障分析	20%	故障点分析是否正确				
故障恢复迅速	20%	故障是否排除				
故障报告完整	20%	报告完成				
故障测试无误	20%	故障恢复后业务功能是否受影响				
故障报告新颖	20%	个性化功能				
总评	100%					

课后反思与特色

教学效果：

1. 课前问卷表明88%的学生不熟悉故障处理原则，92%的学生不了解故障处理方法，从课上学生的反映和课后作业的情况表明，所有小组均能在规定时间内完成故障测试和故障报告撰写，顺利完成目标任务。
2. 通过智慧实训平台在线讨论、企业工程师连线视频、角色扮演等多样化的手段，明显提升了学生的学习兴趣，产生更好的学习效果

教学反思：

1. 学生在线教学平台上的资源学习情况呈现波动性，如何更好地调动学生课后的学习积极性，需要加强思考。
2. 仍需持续完善教学过程的设计，不断提升教学效果。
3. 积极为学生提供课后学习支持，充分拓展学生课后学习能力

特色亮点：

1. 通过智慧实训平台线上线下进行互动讨论，增加师生间的互动，让泛在教学实时体现。
2. 工程案例贴近生活所需，培养学生的人文意识和奉献精神。
3. 重视课程实施过程中的实践性和开放性，用创新方式培养工匠精神，提升职业素养

（3）项目任务单

任务名称	智能小车服务系统的皮基站故障排查	班级	
组名		组长	
其他成员		成绩	
任务要求		知识点	
填写服务系统故障表，分析小车的故障，写出解决方法及操作步骤		1. 服务系统故障表。2. 小车的故障分析及解决方法	

续表

项目实施

一、填写智能小车服务系统故障图

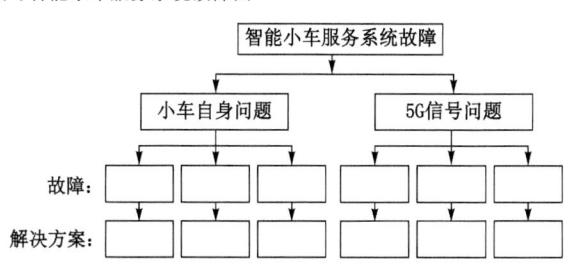

1. 以下 6 个故障分别属于小车自身问题和 5G 信号问题,请将字母填入图中。
   A. 皮基站故障　　　B. 小区关断　　　C. 位置错误
   D. 小车断电　　　　E. 传输故障　　　F. 虚拟轨道设置失败
2. 以下 6 个解决方案,分别可以解决上面的 6 个故障,试将解决方案序号填入上图。

(1) 解决方案:检查小区闭塞或关断的原因,确认是否可能系统策略导致的小区关断,还是告警导致闭塞。检查小区的操作记录和告警记录,核查系统策略,处理告警,信号恢复。

(2) 解决方案 1:通过单板指示灯初步判断 VSW 单板是否上电,运行是否正常,如指示灯亮红色,表明故障,可以掉电复位单板,观察恢复后,信号恢复。

解决方案 2:方案 1 解决不了,更换新单板,信号恢复。

(3) 解决方案 1:POE 供电接口松动或脱落,将供电接口插好,信号恢复。

解决方案 2:方案 1 解决不了,更换新的皮基站,信号恢复。

(4) 解决方案:查看充电极片是否处于正常弹出状态(如果极片处于压下状态会导致底盘停止运动),如果被意外压下可手拨起极片。

(5) 解决方案:检查设置的虚拟轨道上是否有噪点或者很靠近其他障碍物,若有请重新规划。

(6) 解决方案 1:仔细检查地图位置是否与实际位置一致,不一致进行位置矫正操作。

解决方案 2:如未恢复,考虑硬件可能出现故障或参数设置不合理,也可能是周围环境是否较大变化造成,请联系厂家获取支持。

二、根据养老院网络拓扑图,分析小车从二楼的房间 8 往房间 3 行驶的过程中,走到右侧过道中间时停止不动了,说明小车出故障了。

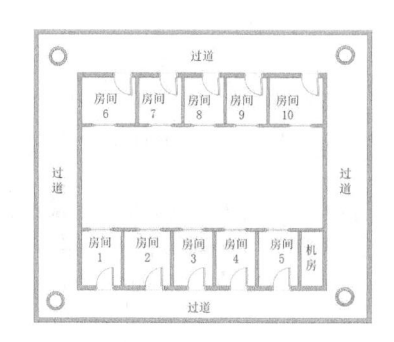

1. 分析小车出现故障,是由于什么原因发生的?

2. 写出小车故障解决的方法以及具体的操作步骤。

续表

项目总结

1. 是否完成本节课任务？　□是　　□否
2. 你对本课的哪些教学资源感兴趣？
□视频　　□游戏　　□仿真平台　　□实训设备　　□电脑软件
3. 你对本课教学内容还有哪些不明白的地方？

附表　现代通信技术专业学生评价体系标准内容

评价维度	评价指标	评价内容	评价标准	评分方法	权重系数
学习层（专业素质）	专业知识、技能的测试(量性)	教师(含企业教师)根据课程内容和项目性质，选择进行笔试、实训测试等方式进行测试	课程仿真成绩、实操成绩、理论成绩、综合成绩	课程考试成绩百分制计算总分＝∑(成绩×学分)/总学分	40%
	职业技能等级认证（量性）	参加教育部组织的1＋X(初级)试点	通过1＋X职业技能等级认证，获得等级证书	按1＋X测试的分值给定该项得分，如有理论考核＋技能考核，计算平均分	10%
	学习能力	对通信专业相关知识的自主学习能力	对于自学任务的完成情况良好，能主动探究未知的专业知识技能	任课教师综合评分	10%
	技能、创新拓展(量性)	参加校内通信专业卓越工程师社团或兴趣小组	社团成员或社团负责人	据实际情况评分，(1)有参加其中一项及以上的，且无重大不良表现的，基础分为60分，无任何参与的此项零分；以下为加分项。(2)社团或兴趣小组学生负责人由指导教师认定，加10分，取得其中一项校级奖励的加10分，取得一项省市级奖励的加20分，不同类项目之间可叠加，直至100分	5%
		参加学校及以上等级通信技师类相关技能竞赛情况	参加竞赛并获奖		
		参加通信技术协会主办的行业竞赛(包含网络开通、故障处理等知识竞赛)	参加竞赛并获奖		
		参加各类创新创业大赛、文明风采大赛情况	参加竞赛并获奖		

续表

评价维度	评价指标	评价内容	评价标准	评分方法	权重系数
行为层（职业素养、核心职业能力）	行为表现（质性）	参加课程学习过程中的出勤情况	没有无故缺勤或迟到早退	基础分为100分,课堂、课后学习交流无故缺勤一次扣10分,迟到或早退一次扣5分	10%
		校服、工作服等着装情况	着装打扮适宜,精神状态良好;按要求在不同场合着相应服装	基础分为100分,一次不按要求着装的扣3分,扣完为止	
		责任心和团队合作	对自己和他人、对工作和集体所负责任的认识、情感和信念,以及与之相应的遵守规范、承担责任和履行义务的自觉态度;能按要求配合合作计划,处理、协调各方关系	由任课教师和班级学生集体评分,教师评分占60%,学生评分均分占40%;因个人可避免原因造成项目重大损失的该项分值为0	
		敬业精神	学习刻苦,完成各项任务认真	任课教师评分,取均分	
	职业习惯与道德	安全意识	各类操作中能按规范要求实施,特别是在强电相关或规范强制要求的操作中能有安全第一的意识,无较大安全事故	任课教师评分,取均分;在课程活动中有危险行为的给予扣10分警告,若有危险行为且造成损失的该项分值为0	10%
		服务意识	在项目合作过程中有服务意识,主动参与活动,不触犯其他同学和教师的利益	基础分80分,有课代表工作的加5分,对课程实施有共享的班干部加5分	
		节约意识	能自觉节约使用公共资源,不造成较大浪费	任课教师评分,取均分	
		文明礼仪	尊重他人,遵守学生文明礼仪规范,遵守各项行为道德标准	由任课教师和班级学生集体评分,教师评分占60%,学生评分均分占40%	

续表

评价维度	评价指标	评价内容	评价标准	评分方法	权重系数
行为层（职业素养、核心职业能力）	职业身心素养	适应不同复杂程度环境和岗位的能力水平	在不同环境下学习,均适应性良好,安排临时任务时不抱怨,主动胜任	由教师集中考核,按等级评分,优秀(90～100分),良好(80～89分),合格(60～79分),一般无重大问题不评为不合格,此外,组织学生心理健康水平测试,对测试有问题的学生酌情扣分	10%
		意志力水平	对于较复杂或有一定难度的任务的完成程度好并具备吃苦精神		
		遭遇变故的自我调节能力	遭遇失败或挫折后能及时自我调节		
	职业社交能力	表达能力、倾听能力和沟通能力	当众发言大方、流畅,能够倾听并记住客户需求、通信网络质量要求等各项事宜	基础分60分 根据班级情况设置加减分项	5%
		书面表达和文档处理能力	完成各类通信工程施工计划、验收总结、检测报告等相关材料的撰写		

第二节 案例二:基于雷达多功能智慧康养体系的设计与实施

一、设计内容说明

《隔空读"心",含情"脉脉"——基于雷达多功能智慧康养体系的设计与实施》(16课时)选自"物联网项目规划与实施"课程的"项目四"。我们选择的"物联网项目规划与实施"是一门技术性、实践性很强的专业应用课程,这门课程以物联网工程项目为主线,设置了5个工程项目的操作内容,逐步提高学生分析、解决问题的能力。

基于这样的逻辑来设计学习任务,教学设计内容见图8-1中项目四部分。

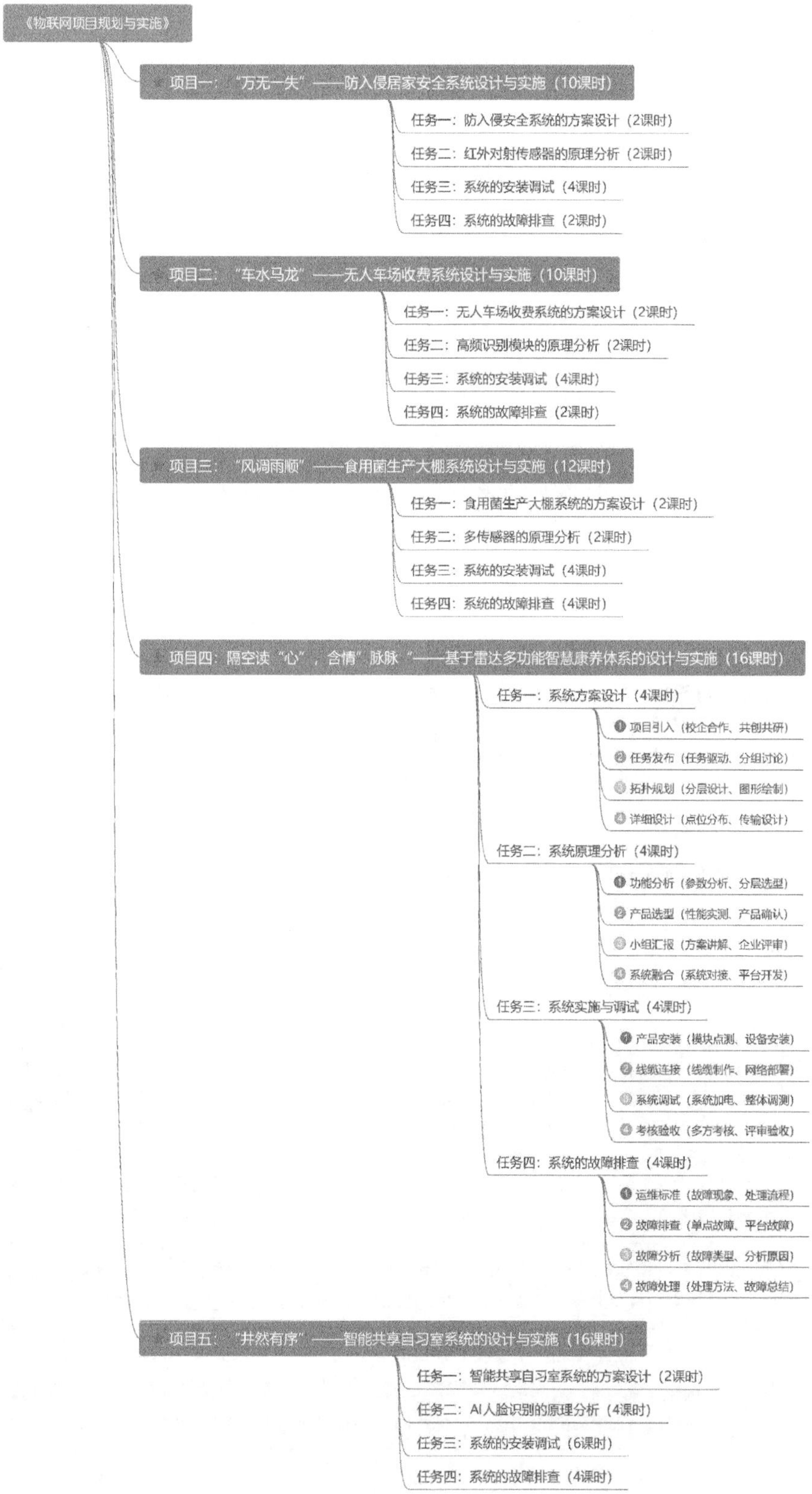

第八章 具身教学案例

《物联网项目规划与实施》
- 项目一："万无一失"——防入侵居家安全系统设计与实施（10课时）
  - 任务一：防入侵安全系统的方案设计（2课时）
  - 任务二：红外对射传感器的原理分析（2课时）
  - 任务三：系统的安装调试（4课时）
  - 任务四：系统的故障排查（2课时）
- 项目二："车水马龙"——无人车场收费系统设计与实施（10课时）
  - 任务一：无人车场收费系统的方案设计（2课时）
  - 任务二：高频识别模块的原理分析（2课时）
  - 任务三：系统的安装调试（4课时）
  - 任务四：系统的故障排查（2课时）
- 项目三："风调雨顺"——食用菌生产大棚系统设计与实施（12课时）
  - 任务一：食用菌生产大棚系统的方案设计（2课时）
  - 任务二：多传感器的原理分析（2课时）
  - 任务三：系统的安装调试（4课时）
  - 任务四：系统的故障排查（4课时）
- 项目四：隔空读"心"，含"情"脉脉——基于雷达多功能智慧康养体系的设计与实施（16课时）
  - 任务一：系统方案设计（4课时）
    - ❶ 项目引入（校企合作、共创共研）
    - ❷ 任务发布（任务驱动、分组讨论）
    - ❸ 拓扑规划（分层设计、图形绘制）
    - ❹ 详细设计（点位分布、传输设计）
  - 任务二：系统原理分析（4课时）
    - ❶ 功能分析（参数分析、分层选型）
    - ❷ 产品选型（性能实测、产品确认）
    - ❸ 小组汇报（方案讲解、企业评审）
    - ❹ 系统融合（系统对接、平台开发）
  - 任务三：系统实施与调试（4课时）
    - ❶ 产品安装（模块点测、设备安装）
    - ❷ 线缆连接（线缆制作、网络部署）
    - ❸ 系统调试（系统加电、整体调测）
    - ❹ 考核验收（多方考核、评审验收）
  - 任务四：系统的故障排查（4课时）
    - ❶ 运维标准（故障现象、处理流程）
    - ❷ 故障排查（单点故障、平台故障）
    - ❸ 故障分析（故障类型、分析原因）
    - ❹ 故障处理（处理方法、故障总结）
- 项目五："井然有序"——智能共享自习室系统的设计与实施（16课时）
  - 任务一：智能共享自习室系统的方案设计（2课时）
  - 任务二：AI人脸识别的原理分析（4课时）
  - 任务三：系统的安装调试（6课时）
  - 任务四：系统的故障排查（4课时）

图 8-1 "物联网项目规划与实施"课程导图

二、教学设计在课程中的位置

课程设计总括			
课程名称	物联网项目规划与实施	授课总学时	64
授课地点		授课形式	线上线下混合式教学
选用教材	书名:《物联网项目规划与实施》(国家职业教育规划教材) 主编:杨坝,姚进 出版社:高等教育出版社		
授课对象	物联网应用技术专业四年级学生		
学情分析			
本课程授课对象是物联网应用技术专业四年级学生,该阶段学生: 1. 在专业基础方面:已完成模电、数电等基本电路的学习,掌握了典型传感器技术,但是缺乏对传感器的综合应用。 2. 在实践操作方面:虽然具备一定的动手操作能力,但是缺乏对具体项目整体设计以及多物联系统的融合规划。 3. 未实际参与过综合性的项目应用			
教学法设计			
任务驱动法	本课程采用以任务驱动的项目化教学模式,通过做中教,做中学,做合一,实现学生自主探究与团队协作相结合的教学方法。教师"创设情境,提出任务";学生"体验情境,接受任务";教师"引导协助,推进任务";学生"自主协作,实施任务";教师"总结评价,拓展任务";学生"成果分享,完善任务"		
MIMPS 教学法	本课程采用"MIMPS"教学法代表了5个核心思想以模块化(Modularization)的内容构架,分层-交织Interlacement)的内容组织形式为基础,在教学过程中:以任务为驱动力(Mission-driven),围绕研究型实训(Practical-research)的核心,辅以自我评价的助推力(Self-evaluation),最终实现提升学生技能水平,培养职业素养的目的。可以看出,该方法在教学内容、教学评价、教学方法和学生激励机制等方面做了创新和改进。MIMPS包含5层含义: M:是指模块化的内容构架; I:是指分层-交织的内容组织形式; M:是以任务为驱动力; P:是指围绕研究型实训; S:是指辅以自我评价的助推力		
创设情境法	以真实任务为引领,通过创设应用情境,提高学生的动手操作能力和学习兴趣,培养学生的动手能力及行业规范意识		
拓展训练法	课后进行拓展训练,教师发布拓展任务,指导学生参与实际项目;学生在平台上提交拓展训练任务的结果,指导学生完成实验室实际设备的安装与调试或直接参与学校和企业的类似工程项目		
双师教学法	采用"一课双师"机制,即由一名学校专职教师和一名企业工程师来共同承担该教学的项目化任务,其中,专职教师主要负责专业理论知识教学,企业工程师主要负责专业实验实训教学。通过一课双师机制,有效的解决当前专业理论知识的系统性和实验实训的实用性不能兼顾的问题		

续表

教学资源			
资源类型	信息化资源	1. "学习强国"App。 2. 超星在线学习平台。 3. 电子教材、PPT、视频、动画等	
	软件资源	1. 物联网开发实验平台软件。 2. 物联网 xcode	
	环境资源	1. 物联网技术实训室。 2. 无线网络。 3. 计算机物联网。 4. 项目工程实训平台	
资源说明	课前,教师将相关图片、动画、视频等课程资源通过超星在线学习平台发布给学生;课中,通过仿真软件等辅助教学;课后,学生通过在线学习平台完成测验和拓展训练		
资源名称	教学支撑		学生使用
"学习强国"App	教师针对课程内容推荐社会热点,联系时代发展和社会需求,培养学生在学习专业知识的同时,及时关注行业发展动态,有机融入思想政治教育元素;通过引导学生学习习近平:努力成为世界主要科学中心和创新高地的案例,了解中国科技进步,增强学生的民族自豪感和学习的动力,培养积极健康、向上向善的网络文化		在教师指导下学习相关篇目,自主分析与课程内容相关的知识,并逐步学会用专业知识解读行业热点新闻中的问题,提高学习能力和信息素养

续表

超星在线学习平台	利用"超星在线学习平台"提供丰富的在线学习资源,实现从以往的课前零储备到学习过程前移的转变,线下课堂可以以应用和实践为重。课前布置预习任务、课中辅助教学、课后测试巩固	课前接受任务,查找相关资料,预习新知;课中学习教学资料、分享经验、有问题向老师提问;课后复习、测试
	 超星在线学习平台	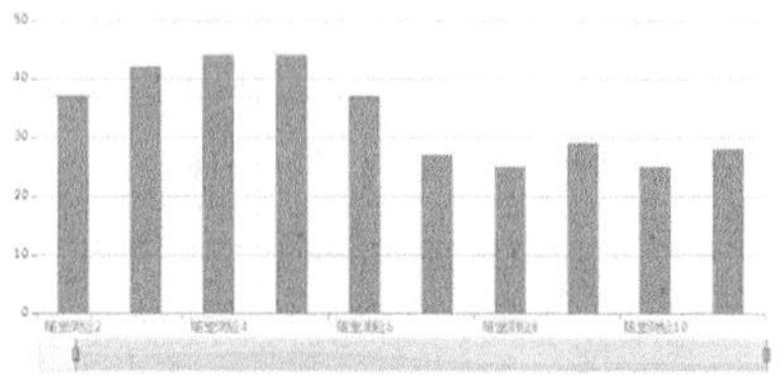 学生课堂参与
视频、动画等	将物联网系统规划、设计、实施、排障等重要的理论模型概念内容通过动画形式呈现,以视频短小精悍、通俗易懂等特点来展现学习要点	学生通过视频的学习,能熟悉项目设计的流程、项目实施的要点,物联网产品的选用原则、工作原理、检测电路构建等
物联网云实验平台	提供真实环境,能够反复操作练习	根据不同情境,完成传感器应用
	软硬件平台	学生课堂参与
考核评价设计		

采用增值性评价体系:
分阶段:依据课程重构,按照项目周期分阶段的增值指标。
分步骤:依据学生现场学情、递进式的分步设计增值标准。
分层面:依据新时代环境,分别从自然层面、道德层而获取增值评价数据。
1. 课前线上自主学习、线上测验,导学评价。
2. 课中项目化,任务驱动,教学目标过程性评价。
3. 课后复盘、反思并举一反三,总结性评价

续表

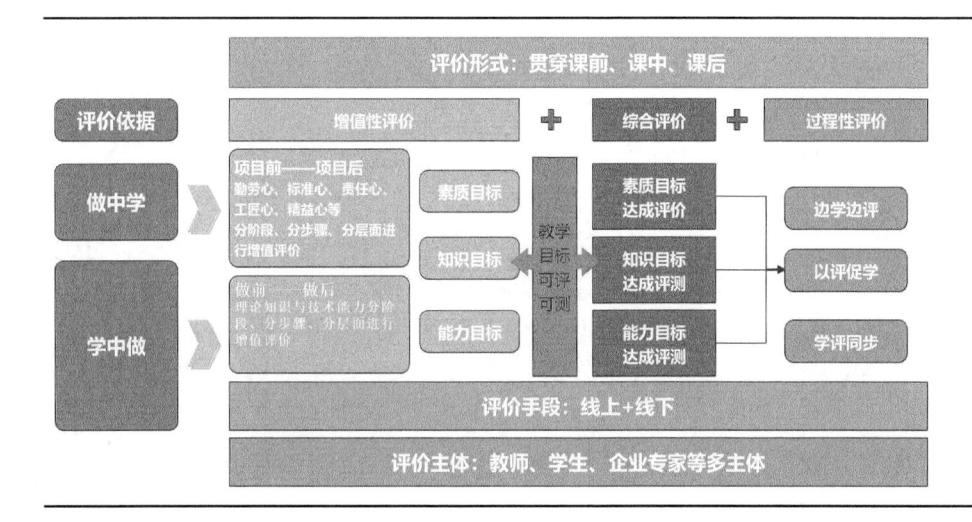

[图：评价体系示意图，包含评价依据（做中学、学中做）、评价形式（贯穿课前、课中、课后）、增值性评价+综合评价+过程性评价、素质目标/知识目标/能力目标达成评测、边学边评、以评促学、学评同步、评价手段：线上+线下、评价主体：教师、学生、企业专家等多主体]

三、教学任务分块

1. 任务一：基于雷达多功能智慧康养体系的方案设计

教学目标	
知识目标	1. 物联网系统架构。 2. 物联网的设计拓扑图层次结构。 3. 智能控制概念、智能控制特点与应用
能力目标	1. 掌握绘制物联网拓扑图软件的使用。 2. 掌握平面图绘制软件的使用。 3. 能熟练地讲解物联网方案的设计流程
素质目标	培养科学的工作作风，严谨的工作态度、增强爱国情怀、精益求精的工匠精神
思政浸润	勤劳心、正方法、标准心
学习内容及重难点	
学习内容	发布行业项目课题、工程师结合图标数据说明康养行业调研分析结果、结合课题设计方案
教学重点	物联网工程项目设计方案
教学难点	物联网系统工程常用软件的使用
教学过程设计	

教学环节	内容	活动		
		老师	学生	企业专家
课前准备	教学资源与任务准备	在线开放课程课程导入国家资源库相近课程资源，补充更新适合本教学的自制资源（如PPT）	通过班级QQ群要求学生登录超星在线学习平台，初览本课程主要内容	

续表

教学环节		内容	活动		企业专家
			老师	学生	
课堂实施	项目需求	引入康养中心医护工作者的功能需求并发布行业项目课题	播放外景视频：康养中心的场景	学生认真听讲；	
	共创共研	分析并发布行业项目课题	结合物联网系统架构分析该行业项目课题（根据物联网三个层级对功能需求进行分析并与企业工程师进行分析并匹配到物联网专业知识体系中） （思政点：标准心）	学生认真听讲	工程师结合图标数据说明康养行业调研分析结果
	任务驱动	将收集到的功能需求分发至每个小组，以任务的形式驱动学生参与设计	通过云平台获取讨论数据	各项目组汇报讨论结果	
	分组讨论	各项目组成员分工合作，讨论设计方案和图形结构	云平台发布《项目核心需求问卷》 查看问卷结果，并选出四个核心需求功能； 发布任务（各项目组独立完成一套完整物联网工程方案）	1. 利用云平台上传讨论结果 2. 各项目组接收任务并对任务分解； （思政：勤劳心）	
	分层设计	分别对感知层、网络层、应用层进行图谱设计	结合工程案例讲解拓扑图绘制工具安装和使用	绘制软件的学习与练习	
	图形绘制	绘制出方案拓扑图	巡查各项目组拓扑图绘制情况	根据项目任务绘制出物联网工程拓扑图	
	点位分布	依据现场绘制的草图和方案拓扑图在CAD中绘制出现场的室内平面图和设备点位图	巡查各组项目进展情况	1. 远程接入在康复中心实地勘测的项目组成员。 2. 依据远程草图进行平面图绘制。 3. 依据平面图进行设备定位部署 （思政：正方法）	
	传输设计	在室内平面图中绘制出设备与设备连接的传输线路路由图	巡查各组项目进展情况	1. 依据点位图绘制路由图。 2. 形成最终方案图纸，上传云平台	

续表

教学环节	内容	活动		
		老师	学生	企业专家
总结 (5分钟)		总结本次课程主要内容:基于雷达的生命体征检测系统的项目引入、任务发布、拓扑规划、详细设计,最终形成项目初步方案设计	通过平台上传各组任务完成的照片截图并且按小组互评	
课后拓展	课后拓展	通过云平台发布拓展任务,并为学生推荐一些物联网项目系统设计的网站	1. 接收老师通过爱课程平台发布的拓展任务。 2. 上网查找资料;完成各项任务	
教学总结				

教师讲解了物联网系统架构及设计等方面的应用和发展,通过校企合作、项目引入的方式,让学生们切实体会从一个学生变成了一个准职业人。整体任务以项目组成立的形式,让学生组成项目组,从项目的任务发布、需求分析、到拓扑规划和详细设计。学生切身地体会到了真正的物联网工程项目整体实施流程。
教学全过程利用现代信息技术手段:
(1) 依托超星在线学习平台,开展互动教学。
(2) 利用网络资源、微课视频等资源,有利于学生自主学习。
(3) 利用超星在线学习平台,下发任务和资源,收集任务完成的反馈结果。
(4) 在互联网上查询资料,交流互动,丰富了学习手段。
以问题导入,任务环环相扣。学生在完成一个个任务中获得知识与技能,体现"做中学,学中做"的原则,能有效调动学生的积极性

2. 任务二:基于雷达多功能智慧康养体系的原理分析

教学目标	
知识目标	1. 物联网系统架构的构成。 2. 多普勒雷达模型。 3. 几种常见的高频信号波形采集方法
能力目标	1. 能说物联网体系架构的构成及其功能特点。 2. 掌握多普勒雷达模型的工作原理及其常见的案例。 3. 掌握几种常见的高频信号波形采集方法。 4. 理解维特比算法的核心内涵
素质目标	培养科学的工作作风、严谨的工作态度、增强团队协作精神、精益求精的工匠精神
思政浸润	责任心、正品质、正规范
学习内容及重难点	
学习内容	多普勒雷达模型 几种常见的高频信号波形采集方法
教学重点	几种常见的高频信号波形采集方法的区分
教学难点	理解维特比算法的核心内容

续表

		教学过程设计		
教学环节	内容	活动		
		老师	学生	企业工程师
课前准备	基于雷达多功能智慧康养体系的方案设计、拓扑的回顾及方案确认	在云平台导入国家资源库相近课程资源,补充更新适合本教学的自制资源(如 PPT)	通过班级 QQ 群要求学生登录云平台在线学习平台,初览本课程主要内容	线上答疑
课堂实施 / 方案回顾	分小组展示之前设计,请把确定方案后的系统图放入学习平台,学生上台直接打开平台讲	评价各组的拓扑设计内容;同时引导出接下来对拓扑内容的具体模板进行讨论,也就是在实施前需要完善的软硬件内容	结合前期的项目分析、系统初步设计,分组代表进行拓扑设计的汇报与展示	
课堂实施 / 分组汇报		老师评价,并进行引导新的问题:多普勒雷达采集心肺信息后的信号处理阶段学习,以提取有用信息。提取什么频段的有用信息?	代表回答;方案中采取的是基于 NB—IoT 的物联网系统,采用 GPS 定位康复人员的位置,AI 摄像头人脸识别,觉得需要帮助时,康复中心人员可以一键报警。心率监测采用雷达作为传感器,利用多普勒雷达的特性对回波信号进行分析处理,从而得到准确的心肺信息。但是,我们还不知道,如何能够实现准确心肺信息的提取 (思政:正规范)	
课堂实施 / 算法对比	维特比算法 小波算法 能量谱法 加速度峰值法 四种算法信号采集对比	引导学生思考:对比几种常见的高频信号波形采集方法,大家比较下,谁提取的信号质量更好?	利用之前学的知识和网络知识确定每个采集算法的核心流程,确认本方案里所用到的算法 (思政:正标准)	

续表

教学过程设计					
教学环节		内容	活动		
^	^	^	老师	学生	企业工程师
课堂实验	算法分析（一）	维特比(Viterbi)算法。它更加好和快呢？这是因为，它的算法和傅立叶、小波是不一样的。它是每次寻找最优路径，并把非最优的路径统统删掉。这样既节省了算法的时间，也提升了准确度 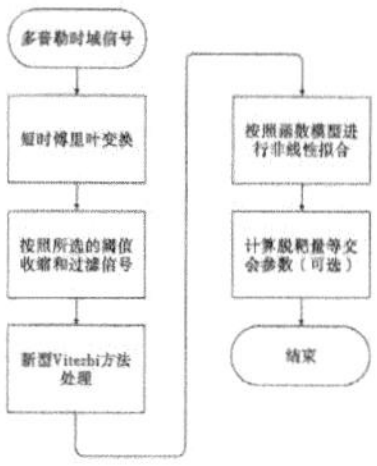	分析四种算法的优缺点	思考/讨论并进行过程性分析分享到云平台	
^	算法分析（二）	维特比算法的优势是：这是因为我们人体的心跳是没有规律性、它是非线性、非平稳且奇异点较多的信号采集时具有一定的优越性，对于这种情况，傅立叶和小波算法在拟合真实变换曲线时候误差就比较大，不能接近真实值来还原心跳变换的状态。通过上图维特比算法的工作过程可以得出该结论	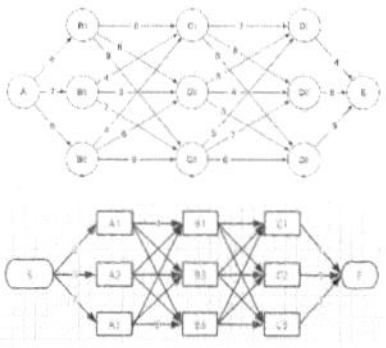	通过讲师讲解进行对比思考，小组讨论，分析其算法的逻辑以及在本方案中的优势（思政：正品质）	
^	测试展示	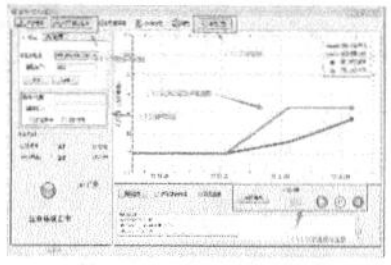 通过基于维特比算法的雷达装置进行测试心跳、脉搏的频率同时对比接触式心跳数据采集的腕表装置	任务布置，分组对抗	分组测试pk、汇报。	专家点评（专家队根据各组的数据进行分析并提出非接触一样达到接触式的效果并确认本次方案使用的软硬件）

续表

教学过程设计				
教学环节	内容	活动		
^	^	老师	学生	企业工程师
总结	总结本次课程主要内容：基于雷达的生命体征检测系统的方案设计，拓扑的小组展示，剖析方案中核心设备心跳脉搏测量所使用的核心算法的分析以及和常用的几种算法的对比，最终形成项目最终方案继而为下一个任务做铺垫	多普勒雷达电磁波的非接触式体征检测技术，即是利用微波段电磁波检测运动目标的多普勒效应探测人体目标的胸壁运动，从接收到人体目标的反射回波信号中可以得到胸壁振动信息，这其中不仅依据判断生命体存在与否，而且能够提取相应的生命体征信息，同时我们也深刻地理解了它的核心采集心跳信号的方法和算法	通过平台上传各组任务完成的照片截图并且按小组互评	
课后拓展	课后拓展	通过云平台发布拓展任务，并为学生推荐一些物联网项目系统设计的网站	1. 接收老师通过爱课程平台发布的拓展任务。 2. 上网查找资料。 3. 完成各项任务	

教学总结

教师讲解了传感器在科技、军事等方面的应用和发展，学生更加切身地体会到了"科技是国家强盛之基，创新是民族进步之魂"的真正含义。但是国内传感器企业目前规模不大，创新研发能力不足，完全满足社会的需求还有很大差距。中美贸易战美国政府禁止该国对中国出售核心芯片，也敲响了传感器技术领域方面的警钟。传感器和核心芯片一样，都属于高新尖端行业的关键零部件，我国需要加快国内传感器企业自主创新力度，否则将来也可能会面临类似的局面。教师要让学生更加意识到自身的责任和使命，努力学习科学文化知识，增长才干，为国家科技的发展、民族的伟大复兴做出积极贡献。

教学全过程利用现代信息技术手段：
(1) 依托超星在线学习平台，开展互动教学。
(2) 利用网络资源、微课视频等资源，有利于学生自主学习。
(3) 利用超星在线学习平台，下发任务和资源，收集任务完成的反馈结果。
(4) 在互联网上查询资料，交流互动，丰富了学习手段。

以问题导入，任务环环相扣。学生在完成一个个任务中获得知识与技能，体现"做中学，学中做"的原则，能有效调动学生的积极性

3. 任务三：基于雷达多功能智慧康养体系的实施与调试

教学目标		
知识目标	1. 项目实施规范。 2. 线缆制作要求。 3. 用电安全知识。 4. 程序编写代码	
能力目标	1. 能对产品进行独立测试。 2. 掌握设备安装操作的流程和注意事项。 3. 掌握设备线缆的连接端口和前后顺序。 4. 掌握网络设备的安装调试方法	
素质目标	培养科学的工作作风、严谨的工作态度、增强爱国情怀、精益求精的工匠精神	
思政浸润	协同心、敏于行、精于勤	
学习内容及重难点		
学习内容	物联网工程项目实施规范、线缆制作步骤、用电安全知识、程序编写代码	
教学重点	用电安全知识	
教学难点	程序编写代码	

教学过程设计				
教学环节		内容	活动		
^		^	老师	学生	企业工程师
课前准备		教学资源与任务准备	在云平台导入物联网工程实施行业标准材料以及工程实施规范的重要性典型案例视频，补充更新适合本教学的自制资源（如PPT）	通过班级QQ群要求学生登录云平台在线学习平台，初览本课程主要内容。	
课中实施	准备工作	发布中标通知书	老师公布项目中标通知书并发布项目实践内容；内容：安装和软件调试	学生积极申报项目实习岗位	

续表

教学环节		内容	活动		
			老师	学生	企业工程师
课中实施	准备工作	项目实习岗位数量有限，学生要竞争岗位	老师组织比赛：为了公平起见，组织了安装与调试对抗赛。发布比赛规则，公布裁判人员	学生听取老师要求	
		小组对抗：发布项目实施拓扑图	老师发布项目拓扑图：各小组按照图形设计方案进行产品安装 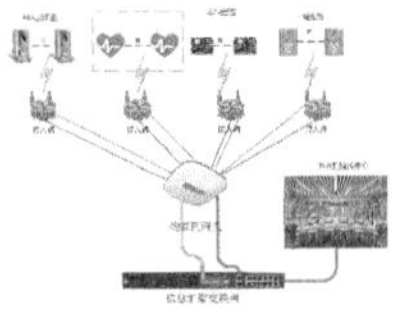	学生观察拓扑图，分析网络架构。思政点：协同心	
		注意事项：雷达传感器安装调试流程图	老师提问：结合下图雷达传感器安装调试流程图，大家在安装调试时要注意哪些问题呢？ 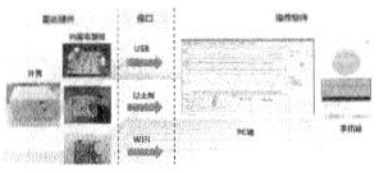	学生一人一句：检查网络是否开启，软件地址是否正确，设备电源灯是否亮起，软件参数设置	
		国标规范介绍：电气装置安装工程 低压电器施工及验收规范	讲授物联网工程用电规范；《中华人民共和国国家标准电子计算机机房设计规范》 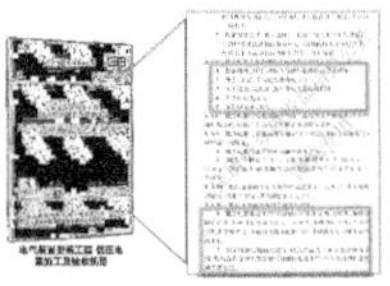	认真听讲和学习（思政点：标准心）	
		裁判就位	老师请裁判进入课堂	学生准备工具	工程师进入课堂，自我介绍
		老师提问	老师发布提问：问题：请问雷达传感器设备在操作过程中有哪些安装与调试步骤？	学生回答	
		学习情况	查看学生课前云课堂知识学习情况	学习汇报	

续表

教学环节		内容	活动		
			老师	学生	企业工程师
课中实施	准备工作	观看视频	发布操作视频:让学生观看项目设备安装与软件调试操作视频,老师讲解操作视频并介绍	学生认真学习并记录(思政点:敏于行)	
		裁判宣布比赛开始	老师让裁判宣布比赛开始并公布比赛评比细则。设备安装是否松紧。软件安装是否调试成功。小组成员分工是否合理。系统功能实现与否。操作是否符合规范。设备操作用时长短	学生了解比赛要求	现场督查
		安装调试	老师与裁判巡回观察学生操作,并进行指导	小组内协同分工并安装设备与调试软件(思政点:协同心)	观察并打分
		由企业负责人、校方老师、小组互评进行综合考核	根据各小组演示进行打分	各项目组进行功能演示;项目组互评;(思政点:精于勤)	根据各小组演示进行打分
		依据行业标准、国家标准对各小组的项目总体情况进行评审验收	进行各小组点评并提问	各组回答问题	进行各小组点评并提问
总结(5分钟)			总结本次课程主要内容:以产品安装为主线,将安装规范、用电安全、设备调试、代码编织贯穿全程	通过平台上传各组任务完成的照片截图并且按小组互评	
课后拓展		课后拓展	通过云平台发布拓展任务,并为学生推荐一些项目实操视频	1. 接收老师通过爱课程平台发布的拓展任务。2. 上网查找资料。3. 完成各项任务	

续表

教学总结
教师讲解了项目实施规范、线缆制作要求、用电安全知识、程序编写代码等方面的知识,学生更加切身地体会到了"科技是国家强盛之基,创新是民族进步之魂"的真正含义。但是物联网的产业链长,传感器、芯片、平台、通信技术等每个环节的研发和发展都需要时间。5G 通信技术的应用已经开始覆盖各个地区各个方面,但要达到万物互联技术完全成熟还存在一定的距离。国内传感器企业目前规模不大,创新研发能力不足,完全满足社会的需求还有很大差距。近期越演越烈的中美贸易战中,美国政府针对中国公司的禁令越来越多,也敲响了传感器技术领域方面的警钟。老师、学生、企业三方成立研发中心并提出自主创新力度,产品创新自由化。教师要让学生更加意识到自身的责任和使命,努力学习科学文化知识,增长才干,为国家科技的发展、民族的伟大复兴做出积极贡献。 教学全过程利用现代信息技术手段: (1) 依托超星在线学习平台,开展互动教学。 (2) 利用网络资源、微课视频等资源,有利于学生自主学习。 (3) 利用超星在线学习平台,下发任务和资源,收集任务完成的反馈结果。 (4) 在互联网上查询资料,交流互动,丰富了学习手段。 (5) 以问题导入,任务环环相扣。学生在完成一个个任务中获得知识与技能,体现"做中学,学中做"的原则,能有效调动学生的积极性

4. 任务四:基于雷达多功能智慧康养体系的排故与总结

教学目标		
知识目标	1. 故障现象认知。 2. 故障的类型。 3. 排除故障的流程。 4. 结合安装过程总结经验教训。 5. 施工规范的内容与重要性	
能力目标	1. 能区分故障的类型。 2. 掌握处理故障的流程。 3. 掌握应对故障危害的技术手段。 4. 严格落实施工规范标准到工作中	
素质目标	培养科学的工作作风,严谨的工作态度、增强爱国情怀、精益求精的工匠精神	
思政浸润	精益心、正标准、工匠心	
学习内容及重难点		
学习内容	故障现象认知、故障的类型、排除故障的流程和手段、总结分析故障经验	
教学重点	故障的类型、排除故障的流程和手段	
教学难点	总结分析故障经验	
教学过程设计		

教学环节	内容	活动		
		老师	学生	企业工程师
课前准备	教学资源与任务准备	在云平台导入物联网工程中典型的故障引起的危害,提醒同学们在故障发生的时候要敏于行,补充更新适合本教学的自制资源(如 PPT)	通过班级 QQ 群要求学生登录云平台在线学习平台,初览本课程主要内容	

续表

教学环节		内容	活动		企业工程师
			老师	学生	
课堂实施	展示安装成果	播放视频展示安装完成的系统平台	结合视频简述系统平台的组成和功能	观看视频并反思本组在安装过程中问题	
	科创一组总结	小组汇报	听取汇报并点评第一小组同学的经验告诉我们,通过"学"解决"做",并且在"做"的过程中进行反馈,弥补不足,充分体现了大家学以致用的科研精神。 思政:责任心、精益求精	小组汇报从得与失两个方面进行汇报,在"得"方面,对设计原则有了深刻认识,在"失"方面,系统防火墙的配置并没有考虑进去。 点位图:	
	科创二组总结	小组汇报	听取汇报并点评第二小组的经验告诉我们,有了问题一定要积极解决问题,虽然在项目实施过程中出现了一些困难,但是他们积极面对,找到了解决问题的方法。 思政:责任心、精益求精	小组汇报系统对接存在的故障,并分析原因。发现故障是接口协议规范选择上出现了问题	
	科创三组总结	小组汇报	听取汇报并点评第三小组在项目完成过程中特别注重施工的规范性,我们在项目实施过程中应该注重安装规范、操作规范、使用规范,施工规范会影响项目的完成、用户体验。 思政:责任心、精益求精	小组严格依照 GB 50169－2016《电气装置安装工程接地装置施工及验收标准》、GB/T 30269.701－2014《信息技术 传感器网络 传感器接口信号》等国标指导施工。但是在后期检查中还是发现线缆连接处要点锡加固和塑封裸露金属	

续表

教学环节		内容	活动		企业工程师
			老师	学生	
课堂实施	科创四组总结	小组汇报	听取汇报并点评第四小组为了实现更好的数据结果,这一个小组进行了百次的试验,找到了心率监测延时的最佳设置时间,在项目实施过程中体现了精益求精的工匠精神,让我们为他们的精神鼓掌。思政:责任心、精益求精	小组在模拟验证软件调试过程中发现了一个异常现象,模拟康复人员心跳异常后过了60秒还没有出现报警的情况。这个情况很严重,小组经过不断测试和试验,找到了最佳的时间为5秒。	
		总结评分	老师点评总结与评分	听完每个小组的汇报之后,我已经从中感受到了来自四个小组的工作热情和积极性,这个过程让我们大家不仅让大家把专业知识转化成项目实践,同时也让大家感受到了职业素养的重要性,遇事不慌、处事不乱、同心协作、齐心协力的精神面貌,值得我们学习。下面请各小组安装本次项目实施的过程进行小组自评、互评和师评进行打分。公布成绩:	小组互评打分
	总结		总结本次课程主要内容:以典型的故障案例引发的危害为引,为学生分析故障,并讲授故障处理流程。同时现在设计一些故障点让学生根据所学排除故障,强化学生排障经验。再让学生回到本项目,从多维度去判断和思考故障并解决故障		

续表

教学环节	内容	活动		
		老师	学生	企业工程师
课后拓展	课后拓展	通过云平台发布拓展任务，并为学生推荐一些故障处理的操作视频	1. 接收老师通过爱课程平台发布的拓展任务。 2. 上网查找资料。 3. 完成各项任务	
教学总结				

以典型的故障案例引发的危害为引，为学生分析故障，并讲授故障处理流程。同时现在设计一些故障点让学生根据所学排除故障，强化学生排障经验。再让学生回到本项目，从多维度去判断和思考故障并解决故障。通过观看多个故障形成事故案例的成因分析，可以看出一个小的失误往往能够导致很大的事故损失，让学生们进一步加深安全认识，在工作中的认真负责的重要性，产生安全生产无小事的敬业精神。课程思政融入教学过程结合课程观看2021年"大国工匠年度人物"颁奖典礼，来自中国航天科技集团有限公司四院7416厂的徐立平和九院7107厂的刘湘宾荣获"大国工匠年度人物"称号的视频。雕刻火药的视频让学生们产生职业使命感，爱岗敬业，甘心从一个平凡的工人做起，踏踏实实做事。引导学生增强中华民族自豪感，树立爱岗敬业、精益求精、全心全意服务乘客的思想，增强绿色环保意识、安全意识和创新精神，具有服务社会的成就感、责任感和职业认同度。

教学全过程利用现代信息技术手段：
(1) 依托超星在线学习平台，开展互动教学。
(2) 利用网络资源、微课视频等资源，有利于学生自主学习。
(3) 利用超星在线学习平台，下发任务和资源，收集任务完成的反馈结果。
(4) 在互联网上查询资料，交流互动，丰富了学习手段。

以问题导入，任务环环相扣。学生在完成一个个任务中获得知识与技能，体现"做中学，学中做"的原则，能有效调动学生的积极性

附录　应用效果调查问卷

亲爱的同学：

　　你好！感谢你参与本次具身教学反馈，你的意见将直接影响研究结果的科学性，请根据你的实际情况认真作答。本次调查采用无记名方式。感谢你的配合！

1. 借助模拟仿真软件和翻牌游戏辅助教学，能够增加你对模拟电子技术的学习兴趣。（　　）

    A. 非常赞同　　B. 赞同　　　C. 一般　　　D. 反对　　　E. 强烈反对

2. 通过模块扮演和游戏软件练习，让你在课堂上注意力更加集中。（　　）

    A. 非常赞同　　B. 赞同　　　C. 一般　　　D. 反对　　　E. 强烈反对

3. 在借助具身环境和项目教学时，你的学习态度很积极。（　　）

    A. 非常赞同　　B. 赞同　　　C. 一般　　　D. 反对　　　E. 强烈反对

4. 你很期望老师能够使用这种身临其境的项目化进行模拟电子技术的教学。（　　）

    A. 非常赞同　　B. 赞同　　　C. 一般　　　D. 反对　　　E. 强烈反对

5. 电源拆卸实践中呈现出的书本内容更加直观、形象、立体。（　　）

    A. 非常赞同　　B. 赞同　　　C. 一般　　　D. 反对　　　E. 强烈反对

6. 如果有条件，你会使用"故障宝典"来进行复习和预习排故方法和内容。（　　）

    A. 非常赞同　　B. 赞同　　　C. 一般　　　D. 反对　　　E. 强烈反对

7. 翻牌游戏和模拟仿真软件能帮助你更好地学习和记忆。（　　）

    A. 非常赞同　　B. 赞同　　　C. 一般　　　D. 反对　　　E. 强烈反对

8. 电路调试有困难时，若条件允许，你会选择模拟仿真软件进行练习。（　　）

    A. 非常赞同　　B. 赞同　　　C. 一般　　　D. 反对　　　E. 强烈反对

9. 利用模拟仿真系统能够解决调试时难以判别或排除的问题。（　　）

    A. 非常赞同　　B. 赞同　　　C. 一般　　　D. 反对　　　E. 强烈反对

10. 模拟仿真系统使用中，界面美观、视觉效果真实、交互性强，适合学习。（　　）

    A. 非常赞同　　B. 赞同　　　C. 一般　　　D. 反对　　　E. 强烈反对

11. 翻牌游戏、宝典等动画效果、配音讲解能够加深你对知识点的理解和使用。（　　）

    A. 非常赞同　　B. 赞同　　　C. 一般　　　D. 反对　　　E. 强烈反对

12. 你认为此套模拟仿真系统，你还有什么意见或建议？（主观题）

参考文献

[1] Merleau-Ponty M. The world of perception[M]. London:Routledge,2004.
[2] 陈承欢,李移伦. 教学设计、实施的诊断与优化[M].电子工业出版社,2021.
[3] 陈兴冶,李曼. 面向具身认知的信息技术学科 教育模型设计[J].开放教育研究,2020(2):111-119.
[4] 崔允漷.课堂观察:走向专业的听评课[M].上海:华东师范大学出版社,2013.
[5] [法]笛卡尔.第一哲学沉思集(第一、二、五、六个沉思)[M].庞景仁,译.北京:商务印书馆,1986.
[6] 胡塞尔.生活世界现象学[M].倪梁康,张廷国,译.上海:上海译文出版社,2002.
[7] 胡玉翠.双创环境下的高校创新创业教育体系构建[J].产业与科技论坛,2017,16(6):147-149.
[8] 黄涛,赵媛,耿晶等.数据驱动的精准化学习评价机制与方法[J].现代远程教育研究,2021,33(1):3-12.
[9] 李海峰,王炜.人机学习共生体:论后人工智能教育时代基本学习形态之构建[J].远程教育杂志,2020(2):46-55.
[10] 李芒,张华阳.人工智能时代大学教师教学的知行路线[J].重庆高教研究,2020,8(2):25-34.
[11] 皮亚杰.发生认识论原理[M].王宪钿,译.北京:商务印书馆,1981:21.
[12] 庞蒂.知觉现象学[M].姜志辉,译.北京:商务印书馆,2001:173-446.
[13] 索恩伯格.学习场景革命[M].徐烨华,译.杭州:浙江教育出版社,2020.
[14] 谭支军.智慧学习环境下教师隐性知识转化螺旋模型设计研究:基于具身认知理论的视角[J].中国电化教育,2015(10):116-119.
[15] 瓦雷拉,汤普森,罗施.具身心智:认知科学和人类经验[M].李恒威,等译.杭州:浙江大学出版社,2010.
[16] 王辞晓.具身设计:在感知运动循环动态平衡中发展思维:访美国具身认知领域著名专家多尔·亚伯拉罕森教授[J].现代远程教育研究,(2):3-10.
[17] 谢同祥,李艺.过程性评价:关于学习过程价值的建构过程[J].电化教育研究,2009,194(6):17-20.
[18] 荀渊.高等教育全球化的愿景:从无边界教育到无边界学习[J].电化教育研究,2019(5):34-41.
[19] 杨梦勤.大数据背景下智慧实训平台的开发与价值:改进实训系统,培养技术技能型人才[J].劳动保障世界,2019(14):53.
[20] 叶浩生.具身认知:认知心理学的新取向[J].心理科学进展,2010,18(5):705-710.
[21] 叶浩生.身体的教育价值:现象学的视角[J].教育研究,2019(10):41-51.
[22] 张仁贤,王姣姣,金晶,等.学生发展核心素养教师读本[M].北京:世界知识出版

社,2017.
[23] 郑旭东,王美倩,饶景阳.论具身学习及其设计:基于具身认知的视角[J].电化教育研究,2019(1):25-32.
[24] 祝智庭,彭红超,雷云鹤.智能教育:智慧教育的实践路径[J].开放教育研究,2018,24(4):13-24.